イスラームを知る

13

イランの宗教教育戦略

グローバル化と留学生

Sakurai Keiko

桜井啓子

イランの宗教教育戦略　グローバル化と留学生　目次

監修：NIHU(人間文化研究機構)プログラム　イスラーム地域研究

アル＝ムスタファー国際大学日本校

東京山の手の閑静な住宅街。レンガ調の外壁に白い窓枠の邸宅。外見からこの建物が大学だと気付く人はいないだろう。しかし、玄関脇の表札には、ペルシア語、日本語、英語の三カ国語で「アル＝ムスタファー国際大学日本校」と記されている。さらにその下にはもう一つ、「ペルシア書道・日本書道協会」の表札もある。意外なことにここは、十二イマーム・シーア派[1]の宗教都市ゴムを本拠地とするイランの高等教育機関なのだ。

教室として使われる一階の広間には、瑠璃色のタイル張りの壁龕《へきがん》がある。これはイスラームの聖地マッカ(メッカ)の方角に面してつくられるミフラーブとよばれるもので、信者は、この方角に向かって礼拝をする。古都イスファハーンから取り寄せたというタイルにはアラビア語と日本語でクルアーン(コーラン)の言葉が染めつけられている。椅子と机を寄せれば教室は礼拝室に早変わりする仕組みになっている。

二〇一三年五月、ここでアル＝ムスタファー国際大学日本校のオープニング・セレモニーが開かれた。式典のために、イランからアル＝ムスタファー国際大学のアラーフィー学

[1] 世界のムスリム(イスラーム教徒)人口の約1割を占めるイスラームの少数派。イランでは人口の大多数が十二イマーム・シーア派の信徒。詳細は20頁参照。

長が来日したほか、アル＝ムスタファー国際大学ロンドン校の学長やアル＝ムスタファー国際大学ガーナ校の元学長らも駆けつけた。駐日イラン大使のほか、日本在住のイラン人関係者やイランと縁のある日本人も多数参列し、祝辞を述べている。学長や大使のペルシア語によるスピーチを通訳した澤田達一氏は、現在はアル＝ムスタファー国際大学の傘下にあるイマーム・ホメイニー高等教育学院の卒業生である。

日本に暮らすイラン人はそれほど増えてはいないはずなのに、イランの高等教育機関がなぜ日本に進出したのだろうかと不思議に思われるかもしれない。じつは、アル＝ムスタファー国際大学は、外国人を対象とするイスラーム諸学の教育機関である。オープニング・セレモニーの参加者に配布された案内に、「本学は世界約六〇カ国に支部を持つイランの大学で、人文学、イスラーム学の分野で国際学術交流を図ることを目的のひとつとしています。その目的を日本でも実現するために当事務所は設立されました」と記されている。

◀アル＝ムスタファー国際大学日本校
入口の２枚の額が表札。

▶アル＝ムスタファー国際大学日本校のミフラーブ

一方、ゴムにあるアル゠ムスタファー国際大学では、一万人を超す留学生が学んでいる。これまでに受け入れてきた留学生の国籍は一〇八カ国におよぶ。

アル゠ムスタファー国際大学のもう一つの特徴は、十二イマーム・シーア派「宗教学院」の伝統を継承しつつ、現代世界が直面する諸問題に対応するために西洋起源の「大学」の制度やカリキュラムを取り入れた新しいタイプの宗教教育をめざしている点である。この「宗教学院」と「大学」の融合により、アル゠ムスタファー国際大学で学ぶ留学生は、「大学生」として入学するが、実際には、同大学の傘下にあるいずれかの宗教学院で寮生活をしながら、「学院生」としてイスラーム諸学を専門的に学ぶ。宗教学院と大学を融合させた教育スタイルは、信仰心をはぐくみながら学位が取得できると留学生に好評だ。

本書では、イラン・イスラーム革命後のイランで新しいタイプの宗教教育が誕生した歴史的経緯、アル゠ムスタファー国際大学のグローバルかつユニークな取り組みと、その影響について考えたい。

第1章では、アル゠ムスタファー国際大学のルーツである「宗教学院」について、歴史を遡りながら、その特徴やイラン・イスラーム共和国樹立にいたるまでの変容過程をたどってみたい。第2章では、一九七九年の革命で成立した、イスラーム法学者

◀**アル＝ムスタファー国際大学アラーフィー学長**　日本校のオープニング・セレモニーでのスピーチ。

が直接統治に関与する「法学者の統治」[2]（ヴェラーヤテ・ファキーフ）が、イランの宗教教育にどのような変容を迫ったのかを考える。第3章のテーマは、女性のための宗教教育である。革命後、女性にもイスラーム諸学を専門的に学ぶ機会が与えられるようになり、女性の布教者や教育者が誕生している。彼女たちはなにをめざしているのかを考える。第4章では、留学生の組織的な受け入れや、留学生のための教育プログラムの開発、さらには、海外での提携校や協定校の設立など、アル＝ムスタファー国際大学がめざす宗教教育の新しいかたちを紹介したい。第5章では、アル＝ムスタファー国際大学の卒業生の帰国後の姿を覗いてみることにしよう。

2 国外追放されていたホメイニーが，1970年代初頭にイラクのナジャフで提唱した。その後，1979年の革命をへて成立したイラン・イスラーム共和国憲法において，統治の基本的体制として規定された。

第1章　シーア派宗教界と宗教学院

宗教学院

宗教学院は、ウラマー(アラビア語で知識人たち・単数形はアーリム)とよばれるイスラーム諸学の専門家を養成する寮制の教育機関で、ここである程度の専門知識を修得すると、ターバンを巻き、法衣を着ることが許される。ウラマーは、学識のレベルや専門に応じて、礼拝の導師・教師・学者・裁判官・官僚などとして活躍するが、職種にかかわらず、宗教界において権威があるのは、自ら法判断をくだすことのできるムジュタヒド(イスラーム法学者)として認められた人たちである。したがって、宗教学院に課されたもっとも重要な役割は、ムジュタヒドの養成である。

シーア派の宗教学院は、アラビア語ではハウザ、ペルシア語ではホウゼの名で親しまれている。ハウザは、「場」を指す言葉で、学問の場といった意味合いになる。ハウザは、個々の教育施設を指す場合もあれば、複数の教育施設の集合体を指す場合もある。とくにイランのゴムやイラクのナジャフのように、多くの宗教学院が集まっている場合には、それら全体を指してゴムのハウザ、ナジャフのハウザとよぶのが一般的である。

類語としてよく知られているのがアラビア語で「学ぶ場」を指すマドラサである。マドラサもまた、歴史的にはイスラーム諸学を専門に学ぶ寮制の高等教育施設を指すが、現在のイランでは、小学校・中学校・高等学校など、教育省の監督下にある一般の学校をマドラサ、宗教学院をハウザとよび分けている。

現在、イラン国内はもとより、世界的に見てもシーア派の宗教学院がもっとも多く集まっているのは、イランの首都テヘランから一五〇キロあまり南西に下った砂漠の真ん中にあるゴムという都市である。シーア派の第八代イマームの妹のファーティマを埋葬するマースーメ廟があることから、第八代イマームの墓廟があるマシュハドにつぐイラン第二の参詣地としても有名である。黄金に輝く屋根と瑠璃色のタイルが敷き詰められたマースーメ廟には、一年をつうじて多くの参詣者が訪れる。廟の周辺には土産物屋が軒を連ねる。もっとも人気があるのは、ゴム名物のソーハーンとよばれるピスタチオ入りのキャラメルだろう。パリッとした食感とクリーミーな味わいが特徴だ。最近は、カラフルな缶に入った高級感のあるものも増えており、人気店はお土産に何箱も買い求めようとする客でごった返している。

◀マシュハドにある第８代イマームの墓廟

▶ゴムのマースーメ廟

このマースーメ廟に隣接しているのが、イラン・イスラーム革命の指導者として知られるホメイニー(一九〇二～八九)[3]も教鞭をとった名門のフェイズィーイェ学院である。この周辺には数多くの名門宗教学院があり、ターバン姿の学院生や教授たちが行き来している。一方、女性たちは黒のチャードル[4]で全身をすっぽりとくるんでいるために、外見から判断することは難しいが、教科書を片手にバスに乗り込むなど、通学時間帯になると学院生と思わしき女性たちの姿がめだつ。ゴムで学ぶ学院生数については正確な統計がないものの、学院生のおよそ二割は留学生で、そのほとんどが、冒頭で紹介したアル＝ムスタファ国際大学で学んでいる。

シーア派宗教界

預言者ムハンマドに神がくだされた啓示が、イスラームの聖典クルアーンである。ムスリムにとって唯一絶対なる神への帰依とは、永遠かつ究極的な神の言葉クルアーンに従って生きることである。クルアーンには、信条・道徳・儀礼的規範だけでなく、婚姻・相続・売買・刑罰など社会生活全般にわたる法的規範が含まれている。しかし実際には、クルアーンにも、預言者ムハンマドの伝承(ハディース)にも明文規定のない問題は少なくない。こうした問題に対して定められた方法に従ってイジュティハード(法解釈)をおこなっ

[3] イラン中部ホメイン村の出身。ゴムの宗教学院で学んだイスラーム法学者。1963年にパフラヴィー国王の政策に公然と異を唱えたことで逮捕され，翌年国外追放され，ナジャフで亡命生活を送る。1979年2月に帰国し，その後，イラン・イスラーム共和国の最高指導者に就任する。
[4] 全身をおおう半円形の布。黒が一般的だが，グレーやベージュ系地色に小花柄のものも礼拝や家庭用として広く使われている。

てきたのがムジュタヒドである。

シーア派の間では、十八世紀後半から十九世紀初頭にかけてオスマン帝国領内のイラクで、イジュティハードを重視するウスール学派[5]が台頭し、ムジュタヒドの権威が高まった。それとともに、法解釈能力を有しない一般信徒(ムカッリド)は、ムジュタヒドの法解釈に習従(タクリード)することが一般化した。つまり、イスラーム諸学に造詣の深い者でも、ムジュタヒドでないかぎりは、ムジュタヒドに習従しなければならないとされたのである。

十九世紀中ごろまでは、ムジュタヒドは数人だったが、その後、急速に増え、十九世紀末には数百人にまで膨らんだ。ムジュタヒドが増加したことで、法解釈の多様化が進んだことから、次第に重要な問題については、現存するムジュタヒドのなかでもっとも学識の高いムジュタヒドの解釈に従うのが望ましいと考えられるようになった。その結果誕生したのが、ムジュタヒドのなかの最高権威「マルジャア・アッ＝タクリード」である。

最初にマルジャア・アッ＝タクリードとして認知されたのは、ナジャフ在住のムハンマド・ハサン・ナジャフィー(一八五〇没)とする説もあれば、彼の死後に頭角をあらわしたモルタザー・アンサーリー(一八六四没)とする説もある。最初のマルジャア・アッ＝タクリードが登場してから、後述するボルージェルディー(一八七五〜一九六二)が登場するまでの約百年間、歴代マルジャア・アッ＝タクリードの多くがイラクのナジャフで活躍した。

5　イスラーム法学者によるイジュティハード(法解釈)を認めるシーア派の学派で，現在の主流。これに対して，イマームの伝承を重視し，法解釈を否定したのがアフバール学派(伝承学派)である。

マルジャア・アッ＝タクリードは、イスラーム法学の最高権威として絶大な影響力を行使したが、ナジャフで教鞭をとるウラマーや学院生の間での「暗黙の合意」や一般信徒からの支持によって与えられた地位にすぎなかったため、同時期に複数の人物がマルジャア・アッ＝タクリードとして認められることも少なくなかった。そして、マルジャア・アッ＝タクリードが複数存在している場合には、信者が、自身の習従する人物を選び、その人に宗教税を支払った。集められた宗教税は、宗教学院の運営や学院生の奨学金財源となった。

ナジャフの宗教学院

歴代マルジャア・アッ＝タクリードが活躍したナジャフは、シーア派初代イマーム・アリーの墓廟を中心に発達した町である。アリーは、預言者ムハンマドの育ての親でもある伯父アブー・ターリブの息子で、ムハンマドと同様、ハーシム家の一族だった。信仰が厚く、イスラームの発展につくしたことで知られている。長じてムハンマドの娘ファーティマと結婚し、第二代イマームとなるハサン、第三代イマームとなるフサインを授かった。息子がみな夭逝したムハンマドは、娘のファーティマと従弟アリーをつうじてハーシム家の子孫を残したのである。アリーは政治的な勝利を収めることなくこの世を去ったが、シーア派にとっては、かけがえのない存在であり、アリーの言葉や書簡を収めた『ナフジュ・アル＝バラーガ』は、シーア派の拠り所となっている。

アリーの亡骸が葬られているナジャフのアリー廟には、世界各地から信徒が参詣に訪れる。アリー廟の北側には、世界最大ともいわれる「平和の谷」とよばれる広大な墓地が広がる。ここには、アリーのかたわらに葬られることを願う信徒の遺体が、隣国イランはもとより、遠くはインド亜大陸からも運ばれる。

ナジャフに集まってきたのは遺体だけではない。十九世紀のナジャフ[6]は、オスマン帝国領内をはじめ、カージャール朝（一七九六〜一九二五年）下のイラン、インドのアワド地方[7]などから教師や学院生が集まる国際的な学院都市だった。学院生のなかの最大のグループはイランの出身者で、ペルシア系やトルコ系がいた。そのほかは、イラク、レバノン、ペルシア湾岸出身のアラブ系、それに南アジア出身のインド系などがおもなグループである。初学者を中心に母語を共有する教師のもとに学院生が集まる傾向があったが、上級になるにつれて言語による隔たりは少なくなり、高名な教師のもとに母語を異にする学院生らが集まった。二十世紀初頭、ナジャフには約二〇の学院があり、六〇〇〇人あまりの学院生がいたといわれている。

当時の宗教学院は、「学校」や「大学」とはかなり様相が異なっていた。入学年齢や修

[6] ナジャフは，11 世紀から 12 世紀にシーア派学問の中心として栄えたものの，13 世紀初頭から 15 世紀後半までは，イラクのヒッラに，その後は，カルバラーにその座を奪われた。しかし，19 世紀中ごろにイラクへの支配を強化しようとするオスマン朝がカルバラーを占拠したために，大勢のウラマーがナジャフに移動し，再び学問の中心となった。

[7] インドのラクナウを中心に栄えたシーア派のアワド朝（1819 〜 56 年）があった地方。

業年限に関する決まりごとはなく、入学試験もなかった。学院で学ぶための第一歩は、学寮への入寮である。独身の学院生は二〜三人で一室に、所帯持ちの学院生は寮の外に部屋を借りて暮らした。授業はモスク、墓廟の中庭、教授の自宅など、学寮以外の場所でおこなわれていた。授業とはいっても、椅子や黒板があるわけではなく、学院生が教師を囲んで、テキストを学ぶというのが一般的なスタイルである。

十九世紀中ごろまでには、宗教学院の学習課程は、入門課程（ムガダッマート）、標準課程（ストゥーフ）、上級課程（ハーリジュ）の三段階に分かれていた。宗教学院で学ぶ学問は、「伝承の学」と「理性の学」の二つに分類される。前者に分類されるのは、語学、イスラーム法にかかわる法源学や法学、クルアーン解釈学や読誦学、預言者ムハンマドの言行についで学ぶハディース学などである。これに対して、論理学・神学・哲学・数学・科学などは後者に分類される。

入門課程で学ぶのは、アラビア語の語形論・統語論・修辞学、アラビア文学、それに入門的な論理学などである。これに数学や天文学などを加えることもできる。学院生は、これらを三〜五年ほどかけて学ぶ。とくにアラビア語が母語でないイラン系・インド系・トルコ系の学院生は、アラビア語の学習により多くの時間をさくことになる。標準課程で重要なのは、法源学と法学だが、アラビア語文法や倫理学なども合わせて学ぶのが一般的で、テキストにもとづく学習が基本であり、上級生が教師を務めることもめずらしくない。

授業は、個人教授ないしは教師一人に対して学院生数人というのが一般的で、どの教師のもとで学ぶかは、学院生が決める。上級課程に進むと、イジュティハードを修得するために、高位のムジュタヒドによる講義に参加する。講義を担当するムジュタヒドは、ある法学的課題を取り上げ、それに対する既存の見解を批判的に検討したうえで、論拠を示しつつ自身の解釈を展開する。学院生は、教師が設定した課題に対して、自身で論拠を組み立てて議論を展開する訓練を積み重ねることで、イジュティハードに必要な方法論や知識を身につける。

試験もなく学習年数も決まってはいなかったが、イジュティハードを修得するためには長い年月を要した。教師は、弟子の学力がイジュティハードを行使できるレベルに達したと判断すると、知識が師から弟子へと伝達されたことを証明するイジャーザ・イ・イジュティハードを教師の個人名で発行する。イジャーザにはもう一つ、師の名前においてハディースを伝えることを許可するイジャーザ・イ・リワーヤというものもあり、こちらは師弟関係を示すものとして重視された。

ナジャフの宗教学院は、国内外の篤志家によって設立され、寄付や宗教税によって維持されていた。宗教学院の実質的な管理運営を担っていたムジュタヒドたちは、講座を開き、学院生に奨学金を支給し、後進の育成に努めた。学業を終えた学院生は、故郷に戻り、それぞれの学識に応じた役割を担うことになるが、優秀な弟子は、マルジャア・アッ＝タクリードの代理人として故郷でフムス（五分の一税）[8]など宗教税の徴収にもあたったのである。集めたフムスの半分は、困窮するサイイド[9]に分配し、残りは、サフメ・イマーム（イマームの取り分）として、イマームの代理人たるマルジャア・アッ＝タクリードが受け取り、宗教学院や慈善施設の維持運営などにあてた。

このようにナジャフは、十九世紀から二十世紀初頭にかけてシーア派学問の中心として栄えたが、第一次世界大戦の勃発で状況は一変する。運営資金の多くを海外からの寄付に頼っていたナジャフの宗教学院は、財政難に陥った。さらに第一次世界大戦でオスマン帝国が敗北したことから、帝国の属州だったイラクは、一九二〇年、イギリスの委任統治領となった。このとき、シーア派はスンナ派とともに各地で反英暴動を起こしている。暴動に直面した英国は、翌一九二一年、イギリス人総督の派遣を断念し、かわりにマッカの太守であるハーシム家のファイサル・イブン・フサイン（在位一九二一～三三）を国王とするイラク王国を樹立した。スンナ派はこれを受け入れたが、抵抗を続けたシーア派は、その後のイラクの国づくりから排除され、社会の変化からも取り残されていく。

8　シーア派では，お隠れ状態に入った第12代イマームが再臨するまで，イスラーム法学者（現在は，マルジャア・アッ＝タクリード）に支払うものとされている。
9　預言者ムハンマドの子孫に対する尊称。とくにシーア派第２代イマーム・ハサンと第３代イマーム・フサインの子孫。

ゴムの宗教学院

第一次世界大戦後の混乱で、多くの学院生を失ったナジャフは急速に衰退した。一方、イランの宗教界では、ミールザー・ゴンミー(一八一六没)の死後、放置されたままとなっていたゴムのフェイズィーイェ学院を再建しようとする動きが起こり、イラン中西部のアラークという町にいたマルジャア・アッ=タクリードの一人、ハーエリー・ヤーズディー(一八五九/六〇~一九三六/三七)にその任が託された。一九二〇年、弟子たちを従えてやってきたハーエリーが、再興に成果を上げると、次第に学院生が集まるようになった。そのなかには若きホメイニーの姿もある。

ハーエリーの尽力によりゴムの宗教学院が活気を取り戻しつつあったころ、イランの政治は変革の時を迎えていた。一九二一年、レザー・ハーン(のちのレザー・シャー、一八七八~一九四四)率いるコサック軍が首都テヘランを占拠し、クーデターを成功させた。一九二五年には、レザー・シャーを初代国王とするパフラヴィー朝(一九二五~七九年)が樹立され、国王による中央集権的な国づくりが始まった。官僚制の構築や国軍の強化とともに、レザー・シャーが力を入れたのが、西洋をモデルとする近代教育制度の導入である。学校教育の普及や大学の設

▶フェイズィーイェ学院

立は、宗教学院にかつてない打撃を与えた。宗教学院は、時代遅れの教育機関とみなされるようになり、ウラマーをめざす若者は激減した。

一九四一年に王位を継承した第二代パフラヴィー国王は、教育のさらなる西洋化を促進し、宗教界への圧力を強めた。しかし、一九四〇年代後半から単一のマルジャア・アッ＝タクリードとして宗教界を牽引したゴム在住のボルージェルディーが、政治に関与しない姿勢を貫いたことで、宗教学院は国家との衝突を回避しつつ一定の自立性を維持することに成功した。ボルージェルディーの時代は、五〇〇〇人ほどがゴムの宗教学院で学んでいたといわれる。しかし、ボルージェルディーの死後は、宗教界を牽引する単一のマルジャア・アッ＝タクリードが登場せず、複数のマルジャア・アッ＝タクリードが拮抗する状況となったばかりでなく、政府と宗教界との緊張も高まった。

一九六三年、パフラヴィー国王は六項目からなる改革案を国民投票によって採択した。「白色革命」と称されるこの改革は、農地改革、婦人参政権などを含む大胆な改革で、イラン社会に大きな変化をもたらした。宗教界は、宗教寄進地が農地改革の対象に含まれていることや婦人参政権がイスラームの女性観に反するなどの理由から「白色革命」に反発したが、このとき、率先して国王批判をおこなったのが、ホメイニーである。ホメイニーは、フェイズィーイェ学院で国王の独裁、対米従属、親イスラエル外交を批判する演説をしたことで逮捕された。

ホメイニー逮捕の知らせが全国に広まると、主要都市で大規模な抗議デモが発生し、ホメイニーの弟子たちも多数逮捕された。翌年、ホメイニーはいったん釈放されたが、再び激しい国王批判を展開したためにトルコに追放され、その後、イラクのナジャフに落ち着いた。ホメイニーによる国王批判は、失敗に終わったが、人々に宗教指導者のもつ政治力を再認識させるには十分だったのかもしれない。ホメイニーは亡命先のナジャフで、イラン・イスラーム共和国の基本的理念となる「法学者の統治」を発表し、革命に備えた。

ホメイニーが去ったゴムでは、宗教学院改革がすすみ、新しいタイプの宗教学院が誕生した。その代表的なものが、一九六〇年代半ばにマルジャア・アッ＝タクリードの一人、シャリーアトマダーリー（一九〇四〜八六）が設立したダール・アル・タブリーグである。この宗教学院は、単位制にもとづく五年の教育課程を導入し、心理学・哲学・数学・英語なども教える新しい学院として注目を集めた。また、海外布教にも取り組み、留学生を受け入れただけでなく、ペルシア語やアラビア語で宗教雑誌を発行し、イラクやペルシア湾岸諸国でも読者を獲得した。

一九六〇年代半ばに設立されたハッガーニー学院もまた、伝統的な宗教学院とは一線を画すものであった。この学院の特徴は、ボルージェルディーの時代には歓迎されていなかった哲学を授業に取り入れたことである。現在、イランの宗教学院で広く学ばれているアッラーメ・タバータバーイー（一九八一没）[10]の『哲学入門』は、ハッガーニー学院のテキストとして執筆されたものである。ハッガーニー学院とダール・アル＝タブリーグは、ともに小規模ながら女性部門を併設したという点でも伝統的な宗教学院とは一線を画していた。

このほかにもゴルペイエガーニー学院やアミール・アル・モーメニー学院など、一九六〇年代から七〇年代にかけて、ゴムでは新しい教授法を取り入れた学院が誕生し、学院生数を伸ばしていた。しかし、これらの新しい学院もまた従来型の学院と同様に、宗教税を主たる財源としていたために、宗教税を支払う信徒たちの意向を無視することはできなかった。カリキュラム改革や英語教育の導入などがあまり進展しなかったのは、多額の宗教税を払っていたバーザール商人たちのなかに、異教の学問を導入することに否定的な人たちが多かったからだといわれている。

一九七〇年代、イランには約一万人の宗教学院生がおり、うち六五〇〇人あまりがゴムで学んでいたとされる。わずかではあったが、パキスタン・アフガニスタン・インド・レバノン・タンザニア・トルコ・ナイジェリア・カシミール・インドネシアなどからの留学生もいた。しかしナジャフと比較すると、ゴムの宗教学院と海外との結びつきはかぎられたものだった。

[10] イラン北西部の都市タブリーズ生まれのイスラーム学者。イスラーム哲学にもとづく唯物論批判をおこなうなど哲学の分野で大きな業績を残すとともに，モタッハリーなどイランの革命に多大な影響を与えた学者らを育成した。

一九七三年の第四次中東戦争をきっかけに石油価格が急騰すると、政府は大学の新設や奨学金の増額により高等教育の普及をはかった。貧しくとも学位を取得すれば、ホワイトカラーになるのも夢ではないと思えるような時代が到来しつつあった。欧米の大学への留学が増えたのもこの時期である。そのような時代にあえて宗教学院を選んだのは、主としてウラマーの子弟や教育機会に恵まれない農村部の若者だった。

第2章　イスラーム共和国の宗教教育戦略

「法学者の統治」

一九七九年のイラン・イスラーム革命は、イランの宗教教育を一変させた。長い亡命生活の末に帰国したホメイニーは、国民投票により一九七九年四月にイラン・イスラーム共和国を樹立した。その年の十二月には憲法を制定し、第五条において、「第十二代イマームのお隠れ中、イラン・イスラーム共和国においては、国の統治権ならびに指導権は公正かつ敬虔で、時代認識をもち、勇気、管理能力を備えたイスラーム法学者が責任を負う……」と自身の唱える「法学者の統治」を明記した。これによって宗教界の最高権威の一人であったホメイニーが、国政の最高指導者を兼ねる政教一致体制が誕生することになる。ホメイニーが提唱する「法学者の統治」が国是となったことで、マルジャア・アッ＝タクリードであっても、これに異を唱えることは許され

◀イラン・イスラーム共和国の初代最高指導者ホメイニーのポスター

Column #01

十二イマーム・シーア派

西暦六三二年に預言者ムハンマドが他界すると信徒らはカリフ(後継者・代理人)の選出をめぐって対立した。このとき、初代カリフに選出されたのは、預言者ムハンマドの教友の一人で長老格のアブー・バクルだった。しかし、後継者は、預言者の従弟であり娘婿でもあるアリーでなければならないと主張する人たちが反発した。彼らは、アブー・バクルの死後に選出された第二代、第三代カリフも拒み、アリーを除いて正統な後継者はいないと主張し続けたことから、「アリーの党派」とよばれた。アラビア語で党派を「シーア」というが、アリーの「シーア」は、やがてアリーが省略されて「シーア」とよばれるようになった。これがシーア派の由来である。のちにシーア派のなかからザイド派、イスマーイール派などの分派が誕生したが、イランが国教としているのは、十二イマーム・シーア派というシーア派のなかの多数派である。

六五六年、アリーは第四代カリフに就任した。しかし、のちにウマイヤ朝を開くことになるシリア総督ムアーウィアが、この人事に反発して「臣従の誓い」(バイア)を拒否した。アリーは、自身を拒否するムアーウィアと二度、戦火を交えたが、勝敗が決まらないままに、六六一年に暗殺されてしまう。アリーの死にともなって、四代続いた正統カリフ時代(六三二〜六六一年)は幕を閉じ、シリア総督ムアーウィアを初代カリフとするウマイヤ朝(六六一～七五〇年）が樹立された。政権から追われたアリーの支持者たち、つまりシーア派は、ウマイヤ朝のカリフを簒奪者とみなし、その権威を否定するとともに、預言者の後継者はクルアーンの奥義までをも理解する無謬《むびゅう》の人物でなければならないと主張し、そのような人物を「イマーム」とよんだ。十二イマーム・シーア派は、アリーを初代イマームとし、その息子のハサンとフサインをそれぞれ第二代、第三代イマームとする。その後は、フサインの子孫によってイマーム位が引き継がれていったが、八七四年、第十二代イマームが、人々の前から忽然と姿を消した。信者は、これを第十二代イマームの「お隠れ」（ガイバ）とみなすとともに、「お隠れ」になったイマームは、終末の直前に救世主（マフディー）として再臨して、信者をこの世の悪から救済してくれると信じるようになった。

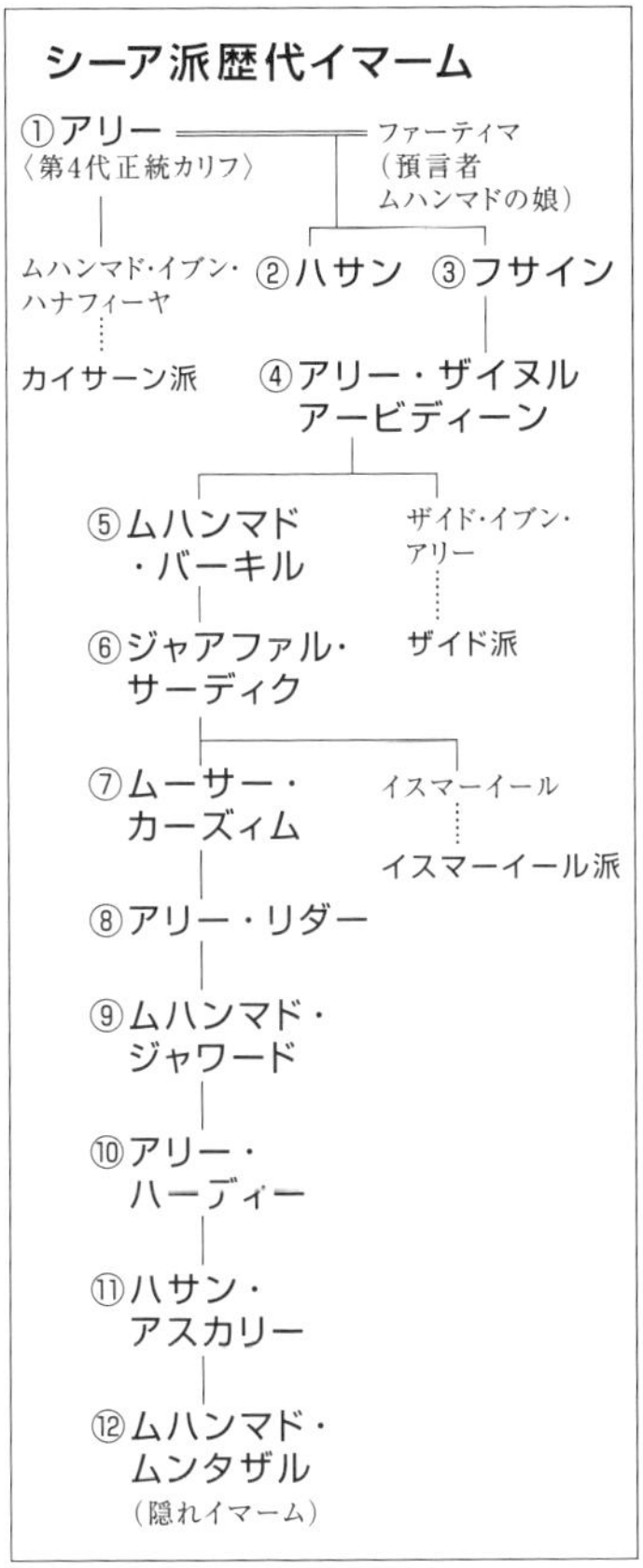

なくなるなど、[1] 宗教界に政治の論理が持ち込まれるようになった。

学校における宗教教育

「法学者の統治」の実現は、学校における宗教教育にも多大な影響を与えた。学校における宗教教育は、「国語」「算数」「理科」などと並ぶ教科の一つとして教授される宗教的道徳的基礎教育で、教育省の定める教科書に従って実施される。

イランの学校では、公立・私立を問わず、小学校から高校まで「宗教」は必須科目で、国教であるイスラーム教十二イマーム・シーア派について学ぶ。イランの公用語はペルシア語だが、小学校では一年生からアラビア語のクルアーンに親しむ。二年生になると、クルアーンの学習に加え、教科書を使った宗教の学習が加わり、合計で週四時間の宗教教育がおこなわれる。中学になると週四時間の宗教教育に加え、言語としてのアラビア語教育が始まる。高校は人文学・経験科学・数学などの専攻に分かれるが、どの専攻でもアラビア語と「宗教」は必須科目である。教科全体に占める「宗教」の割合が極めて高いのが特徴だ。

学校における宗教教育は、子どもたちに唯一なる神の教えを授け、神への服従や宗教的義務の実践の意義を説き、一神教にもとづく道徳観や倫理観を養うことを目的としている。

1 1982年，マルジャア・アッ＝タクリードだったシャリーアトマダーリーは，「法学者の統治」に批判的だとして，その地位をはく奪された。

2 ごく少数の宗教的少数派を除くと，大多数のイラン国民はムスリムであり，そのうちの約9割が十二イマーム・シーア派。残りはスンナ派。

3 現在，十二イマーム・シーア派が人口の過半数をこえているのは，イラン・イラク・バハレーン・アゼルバイジャンの四カ国である。このほかにもレバノン・クウェート・パキスタン・アフガニスタン・インド・サウディアラビアの東部沿岸地域でも，シーア派は少数派ながらも存在感を持つ。

教えの基礎となるのは、イラン国民の約九割が信仰する十二イマーム・シーア派である。[2]世界最大のシーア派人口を抱えるイランは、シーア派の間では圧倒的な存在感を放っているが、[3]ムスリム全体に占めるシーア派の割合はわずか一〇%にすぎない。自派の教義を正しく理解し、シーア派に向けられるあらゆる疑問や疑念に答えることができるようにすることが宗教教育の重要な目的である。

イランが宗教教育に力を入れてきた背景には、隣国イラクのサッダーム・フサイン政権からの攻撃やペルシア湾岸のスンナ派君主制諸国による包囲網、シーア派を異端視するサウディアラビアのワッハーブ主義の影響力の拡大[4]といった、イランを取り巻く国際環境の悪化がある。イランの教科書は、シーア派もスンナ派もウンマ(イスラーム共同体)の一員だという点を強調することで、シーア派への批判が不当であることを示してきた。

イランには、ムスリムのほかに、ごく少数だが憲法で認められた公認の宗教少数派であるキリスト教徒、ユダヤ教徒、ゾロアスター教徒がいる。[5]宗教的少数派が運営する私立学校においても教育省が作成した宗教少数派用の教科書に従って宗教教育を実施することが義務づけられている。この教科書は、十二イマーム・シーア派向けの宗教教科書から、イスラーム教、キリスト教、ユダヤ教、ゾロアスター教に共通する唯一神、来世、最後の審判などの信仰箇条と親切、正直、勤勉、勇気、清潔などの道徳的な教えだけを抽出したも

4 18世紀，アラビア半島でスンナ派のハンバル法学派の法学者，ムハンマド・イブン・アブドゥルワッハーブが起こしたイスラーム改革運動で，19世紀初頭にはカルバラーのフサイン廟を破壊するなど，シーア派を否定したことで知られている。

5 イラン・イスラーム共和国憲法第1章13条「ゾロアスター教徒，ユダヤ教徒，キリスト教徒のイラン人は，唯一公認の宗教少数派であり，法の定める範囲内で，彼らの宗教儀礼を遂行し，また個人的な事柄や宗教教育において彼らの教義に従って行動することが許されている」

ので、各宗教に固有の教義や宗教間の相違についてはいっさいふれていない。つまり学校における宗教教育の目的は、イスラーム教・キリスト教・ユダヤ教・ゾロアスター教が、信仰において多くの共通点をもつことを明らかにし、一神教的世界観にもとづく国民形成を正当化することなのである。

じつは、宗教教育にはもう一つ重要な目的がある。それは、一九七九年の革命で成立した「法学者の統治」への忠誠心を育てることである。「法学者の統治」は、第十二代イマームが再臨するまでの間[6]、宗教界の最高権威であるマルジャア・アッ＝タクリードがイマームにかわって人々を指導するというシーア派の指導者観に立脚したもので、宗教的権威と政治的権威の一体化が特徴である。「法学者の統治」に対する忠誠は、宗教少数派を含めた全国民の義務であり、いかなる理由においても、これに異を唱えることは禁じられている。

宗教学院における宗教教育

「法学者の統治」の実現は、宗教学院の宗教教育にも変革を迫った。信者からの宗教税によって支えられ、師と弟子たちとの個人的な繋がりを軸に発達したシーア派の宗教学院は、教育省の管理の対象ではなかったことから、学院ごとの自由度が高かった。しかし、

6 十二イマーム・シーア派によると，第12代イマームは，874年に信者の前から姿を消し，お隠れ状態に入ったが，終末の直前に救世主として再臨し，地上の悪を一掃する。

統治に関与するようになった宗教指導者たちは、まさにこの点を問題視した。そして、全国の宗教学院に対して、「法学者の統治」を根本理念とするシーア派学問の発展や現代的諸問題に対応できるような新しいカリキュラムを導入するよう求めた。言い換えれば、宗教学院に対して、学校と同様、イラン・イスラーム共和国の「国家的・国民的」課題への対応を迫ったのである。

宗教学院の制度改革

宗教学院を改革するにあたって、最初に問題となったのが、入学、卒業、試験、評価といった学校や大学ではあたり前とされている仕組みが宗教学院にはないという点だった。教育に関しても、言語教授法の欠如、現代社会の実情から乖離した法学教育、学問の基礎となるべき哲学や倫理学などの軽視、数学・医学・科学などの宗教以外の教育の欠如などが問題視された。

革命からほどなく、ホメイニーをはじめ宗教学院の改革を支持する宗教指導者たちによってゴム宗教学院運営評議会が設立された。この評議会は、カリキュラムの改革、学院生の登録管理、試験の導入、学院や学寮の管理運営体制の構築などを目標に掲げたが、イラン・イラク戦争(一九八〇〜八八年)のただ中にあったこともあり改革は進展しなかった。

Column #02

「革命語」としてのペルシア語

ペルシア語は、インド・ヨーロッパ語系に属する言語であり、憲法に定められたイランの国語である。ペルシア語は、アフガニスタンではダリー語、タジキスタンではタジク語とよばれ、両国でも公用語の一つに定められている。

ゴムでは、六八〜六九頁で紹介するように「クルアーン語」(アラビア語)とともに「革命語」(ペルシア語)の教育に力を注いでいる。留学生は六カ月間で、ペルシア語の読む、書く、聞く、話す、の四技能を学ぶ。テキストは七冊。各テキストは二〇のレッスンで構成されており、文字の学習から始まり、しだいに日常会話へと移行する。ペルシア語でペルシア語を教える徹底したダイレクト・メソッドが特徴だ。日常会話を一通り学習した後、イスラームの根本教義や道徳、シーア派の歴代イマームの逸話、イラン・イスラーム共和国の建国理念などに関する文章を読みながら、ペルシア語の運用能力を高めていく。

例えば第四巻に登場する「何より優れているのか?」というのは、次のような話である。

私たちの親愛なる預言者(彼の上に平安あれ)は、モスクに座って教友たちと話をされていた。そこへ教友の一人、ペルシア人のサルマーンが入ってきた。預言者(彼の上に平安あれ)は笑顔で彼をおそばにお招きになった。この預言者(彼の上に平安あれ)の親切な行いに、教友の一人が立腹して言った。「サルマーンはペルシアで、私たちはアラブだ。彼は私たちに加わったり、私たちの上座に座ったりするべきではない。」

その男の言葉に心を痛められた預言者(彼の上に平安あれ)は仰せられた。「いいや、そうではない！　ペルシアだ、アラブだということで、優れている、偉大であるということにはならないのだ。肌の色や人種は、美徳の源にはならない。神が評価されるのは、徳や信仰それに公正な行いである。神は、クルアーンにおいて仰せられた。『神にとって最愛の人は、もっとも敬虔な人である』」

この貴重なお導きの言葉に鑑みて、私たちムスリムは互いを平等かつ兄妹とみなすのです。肌の色や言葉が私たちを隔てることはありません。

テキストにこの話を掲載した狙いはどこにあるのだろうか。おそらく、神の教えをつうじてスンナ派のアラブ諸国によるイラン批判をけん制することだろう。留学生は、六カ月の語学教育をつうじて、ペルシア語を修得するとともに、現代の諸問題に対するイランの立場や見解についても学ぶこととなる。

改革を本格化させたのは、他界したホメイニーの後継者として最高指導者に就任したハーメネイー(一九三九〜　)である。一九九一年、ゴム宗教学院高等評議会が設立され、その下に執行機関としてゴム宗教学院運営センターが設置された。ハーメネイーが宗教学院改革に熱心に取り組んだ背景には、改革の主導権を握ることで宗教界への影響力を強化しようという狙いもあったものと思われる。また、そこには次のような特殊な事情があった。

一九八九年にホメイニーがこの世を去ると、当時大統領の職にあったハーメネイーが、八六人のイスラーム法学者で構成される専門家会議において後継者に選出された。一見、順調に権力が継承されたように見えるのだが、じつはここで憲法上、重大な問題が発生した。イラン・イスラーム共和国憲法一〇九条は、マルジャア・アッ＝タクリードであることを最高指導者の条件の一つに挙げているのだが、主として政治的なキャリアによって頭角をあらわしたハーメネイーは、ホメイニーの弟子とはいえ、宗教学者としてのキャリアは浅く、マルジャア・アッ＝タクリードには届いていなかったのである。それにもかかわらず、ハーメネイーが選出されたのは、現存していたほかのマルジャア・アッ＝タクリードたちは、イラン・イスラーム共和国の国是である「法学者の統治」の支持者とはみなされなかったためである。結局、この問題を解決するために憲法一〇九条から、マルジャア・アッ＝タクリードという条件を削除することでハーメネイーの最高指導者就任を可能にした。しかし、その結果、宗教界の最高権威が同時に国政の最高指導者を兼ねるというホメイニー体制は変質を余儀なくされることになる。ハーメネイーは自身の最高指導者就任によって発生した問題を自覚していたからこそ、宗教学院改革を積極的に推進することで宗教界における自身の存在感を高める必要があったのである。

ハーメネイーが導入したゴム宗教学院高等評議会が入試改革に取り組んだ結果、宗教学院でも統一入試が導入された。出願資格も定められ、最低でも義務教育、一般には高校を卒業していることが条件となった。合格者は、試験結果や居住地に応じて、ゴム宗教学院運営センターの管理下にあるいずれかの学院への入学が許可される。学院生には、奨学金・健康保険・入寮資格・図書館利用資格などが与えられ、安心して学院生活が送れるような仕組みも整えられた。単位制も導入され、出席率や期末試験の結果にもとづいて進級が決まるようになり、所定の単位を修めれば学位も発行されるようになった。

統一カリキュラムの作成も進み、標準課程は、主科目と副科目からなる一〇の段階(パーエ)に分けられ、一から六段階までを標準課程第一段階、七から八段階までを標準課程第二段階、九から一〇段階までを標準課程第三段階とした。男性の場合は、標準課程第一段階を修了するとターバン授与式に臨む。式典では、教師が修了

◀イラン・イスラーム共和国第２代最高指導者ハーメネイーの肖像

生一人一人の頭にウラマーの象徴であるターバンを載せる。修了生が、サイイドつまり預言者の一族の子孫であれば黒、そうでなければ白のターバンが与えられる。シーア派は預言者の子孫である初代から第十二代のイマームを共同体の指導者とみなすなど、預言者一族に特別な思いを寄せていることから、預言者の血筋に連なることを示す黒いターバンは人々の崇敬の対象となる。

通常、各段階は一年用のプログラムとなっているが、標準課程第一段階を修了するのにかかる年数は、学院生によって異なっている。標準課程第三段階を修了すると、大学の修士と同等とみなされる。カリキュラムに加え、テキストの改訂も進んだ。難解で膨大な時間を要する従来のテキストにかわって、要点を効率よく学べるようにするというのが改訂の主たる目的である。また、新制度では、標準課程第二段階から布教、法学、クルアーン解釈学などのコースを導入し、コースごとに教科書が編纂された。

こうした改革には、当然のことながら批判もある。効率や実用を重視し、古典的なテキストを簡略化してしまえば、学問の質が下がるだけでなく、過去の偉大な学者たちの議論を理解することさえ難しくなってしまうというのがその理由だ。また、伝統ある宗教学院に対する評議会の統制への抵抗もあり、改革の浸透には時間を要した。

革命後のもう一つの動きは、主として西洋由来のいわゆる輸入学問を教えてきた大学と、

▶**ターバン授与式**（イランヤングジャーナリストクラブのホームページ。2014年1月20日）

伝統的な教授方法に固執してきた宗教学院の溝を埋め、両者の学問交流、人材交流をはかろうとするものである。こうした動きを支持する宗教指導者が、もっとも関心を寄せているのは「人文学のイスラーム化」であり、それを推進している機関の一つが、一九九〇年代初頭にメフバーフ・ヤズディー(一九三四〜)[7]によって設立されたイマーム・ホメイニー教育研究所である。

研究所の学士課程では、主として経済・心理学・英語・西洋哲学などの非イスラーム諸学を教えるが、入学するためには、宗教学院の標準課程第一段階を修了していなければならない。さらに入学後も宗教学院に在籍し、学士課程での勉強と並行して、イスラーム諸学を修めることが義務づけられている。そうすることで、はじめてイスラーム的な観点から人文学を批判的に学習することができると考えられている。学士課程には一三のコースが設置されているが、法学の人気が高く、イスラーム法と並行して憲法や国際法などの西洋の法も学ぶ。「法学者の統治」への理論的貢献のために、優秀な学院生を欧米の大学院へ留学させるなど、現体制を支える人材の育成に力を入れている。

同様の試みは、ゴム宗教学院布教事務所が運営するバーゲル・アル゠オルーム大学でも実施されている。この大学は、政治学、イスラーム史学、社会科学、イスラーム哲学・神学、イスラーム学、外国語学の六学部(学士から博士)で構成されており、宗教学院で一定

7 十二イマーム・シーア派ウラマー。イランのイスラーム体制を支持する強硬派として知られている。

の課程を修めた学院生に教育をおこなっている。女性にも門戸が開かれているが、シフト制による男女別の教育を実施している。以前、この大学を訪問した際に男性の授業に案内された。一〇人ほどの小規模なクラスで、教師を含め大多数がターバン姿であった。学院生からは、「日本では、西洋の学問をどのように教えているのか」「フーコー、ウェーバー、ハーバマスなどの作品を知っているのか、日本人は彼らの作品をどのように読むのか」といった質問が寄せられた。西洋の学者の著書を批判的に学ぶということが、一つの大きなテーマになっていると感じた。

一九八九年にムーサーヴィー・アルダビーリー（一九二六〜　）[8]がゴムに設立したモフィード大学も宗教学院と大学との溝を埋めるためにつくられた大学だ。設立当初は、宗教学院で学んだことのある学院生を対象に西洋の学問を教えることで、イスラーム諸学と人文社会科学の融合をめざしていたが、その後、一般入試をつうじて普通高校からも受け入れるようになった。経済学・法学・哲学・政治学・英語翻訳などの学部があり、男女共学という点でも一般大学に近い環境を提供している。

これらの大学で学位を取得することの利点は、現体制が重視するイスラーム諸学につうじているだけでなく、テクノクラートに求められる知識も身につけているとみなされるために職業選択の幅が広がることである。その証拠に卒業生の多くが、政府系機関、教育機

[8] 十二イマーム・シーア派ウラマー。1980年代に司法長官を務めた。

関、メディアなど、イスラーム体制を支える人材として活躍している。しかし、イジュティハードの能力を修得し、ムジュタヒドとして実際に信徒の指導にあたるためには、宗教学院に残り、上級課程で研鑽を積む必要がある。したがって、これらの新しい大学は、従来の宗教学院にかわるものというよりも、それを補うものといえるだろう。

第3章　女性のための宗教教育

学問を志した女性たち

かつて宗教学院は男性のための教育機関であり、女性部門が併設された場合でも通常それはごく小規模で、かつ初歩的な学問の教授にかぎられていた。しかし、イラン・イスラーム革命後、政界に進出した宗教指導者たちは、「法学者の統治」を定着させるためには、人口の半数を占める女性の協力が不可欠であることを認め、女子宗教学院の設置に乗り出した。ただし、男性の宗教学院が、ムジュタヒドの養成に力を入れているのに対して、女性の宗教学院の主たる目的は、教育者や布教者の育成である。

また西洋型の男女平等を求める国内の動きに対抗して、イスラームが理想とする性別役割分担を社会に広めることも女子宗教学院の重要な役割だと考えられてきた。つまり女性に期待された役割は、男性宗教指導者の活動を支える補佐的なものだった。それでも女性にも、イスラーム諸学を学ぶ機会が与えられたことの意義は大きい。それがどれほど画期的なことであったかは、歴史を振り返れば明らかだ。
「知識の探求は、男性とともに女性信徒の義務である」というハディースは、イスラームの学びに対する姿勢を示すものとして頻繁に引用されてきた。しかし、現実には、女性の教育機会はかぎられていただけでなく、女性に必要なのは信仰生活に必要な宗教に関する基礎知識にかぎられると考えられてきた。そうした状況ではあったが、例外とはいえ歴史に名を残した女性の宗教学者もいた。サファヴィー朝（一五〇一～一七三六年）の女性学者としてその名が知られているアミーナ・ベイゴム・マジュリスィーはその一人だ。彼女は高名な学者[1]の娘に生まれ、家庭にいながらにして学問に親しんだ。弟であるムハンマド・バーキル・マジュリスィー（一六九九没）[2]が編纂したシーア派のハディース集『光の海』の編纂を手伝うなど、シーア派の学問に貢献したとされている。

二十世紀に入り学校教育が普及しはじめると、女性にも就学の機会が与えられるようになり、狭き門とはいえ大学へ進学する女性もあらわれた。宗教学院でも、一九六〇年代から七〇年代にかけて前章で紹介したシャリーアトマダーリーのダール・アル＝タブリーグの女性部門をはじめ、わずかながらも小規模な女性のための宗教教育機関が誕生するが、男性の学ぶ宗教学院と比べると極めて貧弱であったことから、女性が本格的にイスラーム諸学を学ぼうとすれば大変な困難に直面した。革命前に学問を志し、女性ムジュタヒドと

1 彼女の父ムハンマド・タキー・マジュリスィーは，サファヴイー朝の著名なイスラーム法学者だった。

2 著名なイスラーム法学者であるとともに，政治的・社会的にも強い影響力をもった人物。

よばれるまでになったノスラト・アミーンやゾフレ・セファティーの体験をふり返ってみることにしよう。

ノスラト・アミーンは、一八八〇年代末にイスファハーンの商家に生まれた。当時はまだ小学校はなく、子どもたちはマクタブとよばれる寺子屋風の学習所でクルアーンの詠み方や簡単な読み書きを学んだ。彼女もまた幼いころにマクタブにかよったが、その後はずっと家庭教師のもとで学んでいる。十五歳で従弟と結婚し、八人の子どもに恵まれたものの、息子一人を除いてみな夭逝した。たび重なる不幸にもかかわらず、彼女の学問に対する情熱が失せることはなく、生涯を学問に捧げた。結婚後も彼女が学問を継続することができたのは、敬虔な商人だった彼女の父が、彼女の熱意を理解し家庭教師をつけたからである。彼女は、一九三〇年代末にアラビア語による著作を出版したことで、その名が知られるようになり、生涯をつうじてアラビア語やペルシア語で多くの書物を著した。幾人もの高名なムジュタヒドが、彼女の著作の水準の高さを評価し、イジュティハードの能力を認めるイジャーザを出している。しかし、存命中、彼女の著作は、男性の名、もしくは「あるイスファハーンの女性」の名で出版されており、本名での出版が実現したのは彼女の死後だった。このことは、彼女が生きた時代、女性が学問をすることがいかに特殊で例外的なことであったかを物語っている。彼女は一九六五年、イスファハーンにイスラーム

▶女性ムジュタヒドとして知られるゾフレ・セファティー女史(左)と著者(右)

諸学の基礎を教えるファーティマ校を開設するなど、執筆活動に加え、女性の宗教教育に尽力したことでも知られている。

現在、女性ムジュタヒドとしてゴムに自身の事務所を構えるゾフレ・セファティーは、一九五三年にアーバーダーンで生まれた。一九六六年、アーバーダーンに開かれた女性のための宗教教育センターに入り、そこでイスラーム諸学の基礎を学んだ。その後、より高度な宗教教育を受けるためにゴムに移った。しかし、期待とは裏腹に、女性が宗教学院に入学することは許されず、結局、家に教師を招いての学習となった。彼女は、宗教学者だった夫をはじめ、幾人かの高名なムジュタヒドのもとでイスラーム法学を学び、女性ムジュタヒドとよばれるまでになった。彼女もまたアミーンと同様、女性たちに宗教教育の機会を提供するために尽力したことで知られている。

アル＝ザフラー女子学院

一九八五年、ホメイニーの命でアル＝ザフラー女子学院が設立された。このとき、ゴムにあった女性のための小規模な宗教学習所は、アル＝ザフラー女子学院に吸収合併されている。アル＝ザフラー女子学院の特徴は、第一に、既存の男性用宗教学院から独立した女性専用の宗教学院として設立されたことである。第二に、国家の最高指導者であるホメイニーの指導のもと、イラン・イスラーム共和国の発展に寄与する女性の教育者や布教者を育成するという明確な目標のもとに設立されたことだ。

第三に、男性の宗教学院が、標準課程を十段階（パーエ）に分け、十段階修了を修士と同等と位置づけたのに対して、単位制・学期制など大学の教育制度を採用し、学習内容を圧縮することで大学とほぼ同じ学習年数で学位が取得できるようにした。学習段階はレベル一（短大二年間）、レベル二（学士四年間）、レベル三（修士三年間）、レベル四（博士三年間）としたことである。さらに将来、イジュティハードを学ぶレベル五（最低三年間）、レベル六（最低四年間）の設置も想定された。加えて、科目履修生や通信制などを導入し、女性たちに多様な学習の機会を提供した。

そして第四は、設立当初から女子留学生を積極的に受け入れることで、海外に向けてイランの宗教学院の先進性をアピールしてきたことだ。これらの特徴から、アル＝ザフラー女子学院が、既存の宗教学院とは異なる新しいモデルの宗教教育をめざしていることがわかる。

二〇〇〇年にはじめて学院を訪問した際には、学寮、体育館、モスク、図書館など、施設の充実ぶりに驚いたが、その後、さらに広い敷地に移転した。新

▶ゴムのアル＝ザフラー女子学院の留学生向けパンフレット

キャンパスは、イランの伝統的な建築様式を取り入れた美しい校舎や、噴水と花壇で彩られた中庭が特徴で、現体制のアル＝ザフラー女子学院にかける期待の大きさがあらわれている。二〇〇〇人を収容できるという学寮では、留学生やイラン人学院生が暮らしている。寮内では女性たちがスカーフをかぶらず過ごせるように配慮されている。

革命後、国内外でイスラームへの関心が高まったこともあり、アル＝ザフラー女子学院は急成長を遂げ、高校から博士課程までの女性専用の宗教教育機関となった。アル＝ザフラー女子学院の成功をきっかけに、一九九〇年代からイラン各地に次々と女子宗教学院が設立された。設立者はおおむね男性の宗教指導者だが、実際の教育活動を担っているのは、アル＝ザフラー女子学院などで学んだ女性たちである。しかし、学院数は増えたものの、一般住宅を利用した私塾のようなものも少なくなく、教育水準が保証できないなどの問題が発生していた。

こうした状況を改善するために、ゴム宗教学院高等評議会は、一九九七年にゴム女子宗教学院運営センターを設立し、既存の女子宗教学院に対して統一カリキュラムの導入や統一入試にもとづく入学者の選抜などを迫った。年を追うごとにセンターの指導は浸透していったが、センターの推進する統一カリキュラムの導入を躊躇する学院もあったようだ。

二〇〇二年、テヘランの北部にあるガーエム学院の女子部を訪ねた。当時、女子部の校

◀一般住宅を改造したテヘランの女子学院

長を務めていたのは学院を設立した宗教指導者の妻だった。ゴムのアル＝ザフラー女子学院を卒業したという校長の娘もここで教師をしていた。二〇〇二年当時この学院は、女子宗教学院運営センターの傘下には入っていなかった。その理由を問うと、この学院では、高校を卒業したての若い女性から主婦層まで幅広い世代の女性が学んでいるが、センターの指導を受け入れると年齢制限が課されるために、現在在籍している学院生たちを追い出すことになるからだという答えが返ってきた。

校長はまた、センターが編纂した新版テキストよりも、時間がかかってもこれまでどおり古典的なテキストを隅々まで教えたいとも考えており、そのこともセンターの傘下に入らない理由だとつけ加えた。しかしその後、この学院もゴム女子宗教学院運営センターが実施する統一入試に参加するようになった。時代の流れには逆らえなかったのだろうか。

二〇一〇年現在、全国二八〇の女子宗教学院がゴムに本部を置く女子宗教学院運営センターの管轄下にあり、うち三〇校は修士課程ももっている。毎年、入学者はセンターが実施する統一入試で選抜されている。二〇一〇年の受験者は二万六〇〇〇人弱で、そのうち七〇〇〇人が合格した。

ただし、イラン東部のホラーサーン州だけはゴムの女子宗教学院運営センターの管轄外にある。それは同州の州都マシュハドがゴムにつぐ宗教教育の中心地で、ホラーサーン宗教学院運営センターが州内の宗教学院を独自に管理してきたからだ。四〇あまりの女子宗教学院があり、後述するナルジェス女子学院は、留学生も受け入れている。

女子宗教学院人気の秘密

イラン・イスラーム革命後、女子宗教学院が急速に増えた背景にはイラン女性を取り巻く固有の状況がある。第一は、「法学者の統治」体制のもとで、宗教学院の卒業生の社会的な需要が高まったことである。女性たちに期待されたのは、教育や宗教活動をつうじて、イスラームやイラン・イスラーム革命のイデオロギーを社会に広めることである。

第二は、イラン・イラク戦争後、女性の高学歴化が急速に進んだことである。二〇〇二年には、政府系の高等教育機関にかよう女子学生数が、男子学生数をこえた。女性の進学者が急増した背景には、イランならではの事情がある。イランでは娘の外出を厳しく管理する家庭が多いために、女子は学校から帰宅するとほとんどの時間を家で過ごす。インフラ整備や家電製品の普及で、農村部でもかつてのように娘に家事の手伝いを期待する家庭は減った。こうした環境が女子の進学をあと押ししてきた。一方、自由に外出できる男子は、放課後や休日も友達と遊ぶなど勉強以外の楽しみが多い。こうした差が、男女の成績の違いにあらわれるという。また学校が唯一の外出先となりがちな女子は、進学をしなければ、結婚までほとんどの時間を家で過ごさなければならない。女性たちの多くは、そうなることを避けるためになんとしてでも大学に行きたいと考え、勉強するのである。さらに、女子宗教学院が急増した一九九〇年代は、イラン全体の大学進学希望者が急増したにもかかわらず、高等教育機関の絶対的な不足から、大勢の若者が進学を断念した時期とも重なっている。そうした状況のなかで女子宗教学院が大学にかわる新たな選択肢として登場したという点も見逃せない。

第三は、宗教学院の教育環境を大学よりも望ましいと考える人たちがいることである。革命後のイスラーム化政策の影響で、小学校から高校までは、完全に男女別学となったが、ほとんどの大学は、実施が困難であるとの理由から、公立・私立を問わず共学を維持してきた。革命直後は、教室の真ん中にカーテンを引いて分離するなどの措置が取られたこともあったが、そうした分離は次第に姿を消した。

しかし、アフマディーネジャード大統領(在位二〇〇五〜一三)の時代に、女子学生が男性の教育機会を圧迫しているという理由から特定の学部を男性専用とする、あるいは女性の比率を一定内にとどめるための性別定員枠や一般教養などの授業を男女別にするなどの政策が導入された。[3] こうした政策は、イラン社会になお共学に対する根強い抵抗があることを示している。共学と分離の間で揺れ動いている大学に対して、宗教学院は、最初から

3 2012年秋に始まるイランの新学年暦に合わせて，36の大学が特定の学科で男性のみを受け入れることを表明した。

徹底した性別分離を採用しているために、女性が男性の宗教学院の門をくぐることはない。また女子宗教学院では、専門科目を担当できる女性教員がいない場合にかぎって、男性教員が教壇に立つこともあるが、その場合は、女性はチャードルで全身を覆い、互いを直視しないだけでなく、衝立によって教師と生徒を隔てることすらある。

宗教学院の人気の秘密を探るために、学院で学ぶ女性たちの話を聞いてみよう。首都テヘランから南に下ったレイという町にあるアブドゥル・アズィーム女子学院を訪ね、モーメーニー校長の話を聞いた。彼女は、女子宗教学院の誕生で人生が変わったという。革命前、ウラマーだった父親は、西洋化を推進する学校に不信感をもっていた。ヴェールをつけて登校する彼女に対して学校は否定的な評価をくだしていたために良い思い出がないという。しかし、革命によって状況が一変した。父親の勧めで設立されたばかりのアル＝ザフラー女子学院に入学した。最初は生徒として、やがては教師として、アル＝ザフラー女子学院で一五年あまりを過ごした。その間に結婚もし、子育てもしたが、修士号を取得し、教壇に立ち続けることができたのは、家族の応援があったからだ。こうした実績が買われて、彼女は、レイにある名門アブドゥル・アズィーム女子学院の校長に抜擢されたのである。

宗教学院にかよう女性たちが、みな彼女のようにとんとん拍子に出世できるわけではな

◀アブドゥル・アズィーム女子学院（レイ）

い。彼女の場合は、父親も夫も宗教指導者という恵まれた環境にあったことで、より順調にキャリアを積むことができたことは明らかだ。しかし、そうではない女性たちも、それぞれの立場から宗教学院を評価している。イランでは、夫の許可がなければ妻は就労できない。この学院を卒業して、そのまま教師になったという女性は、女性だけの空間だったからこそ、夫や夫の家族が結婚後も勉強を続けることを許してくれたと力説する。

授業後に自習をしていたある学院生は、学院に入学した経緯を話してくれた。両親の勧めで高校では経験科学を専攻し、大学統一入試では生物系の学部に志願した。しかし、他州の大学にしか合格できず、両親が寮生活に難色を示した。悩んだ末に進路を変更して自宅通学ができるこの学院を受験したのだそうだ。はじめは勉強についていくのに苦労したが、今は正しい選択だったと思っているという。ここで学んだことは、人生に活かせることばかりだし、宗教的に善行を積んでいるという確信もある。また一学年が三〇〜四〇人とこじんまりしているのも気に入っている。同級生とは姉妹のように打ち解けた間柄だし、先生たちとの距離も近いので、わからないところがあってもすぐに質問できるところが素晴らしいという。

もちろんみなが、このような環境になじめるわけではない。親密過ぎる環境で身動きがとれないばかりでなく、みなが同じ方向を向き過ぎていて息が詰まりそうになり、宗教学院を中退したという女性にも会った。長所は同時に短所でもある。いずれにしても女子宗教学院が一定の人たちの希望にかなったものだということがわかる。

女性の第一の義務は妻として母としての務めを果たすことだと強調する学院の影響もあってか、大半の女性は、結婚や育児などの理由から学士課程を終え学院を離れるが、修士課程を置く学院が増えるにつれて、博士課程への進学を望む女性たちが増えた。そうした声に応えるために、アル＝ザフラー女子学院など一部の学院で、博士課程に相当するレベル四の授業が始まった。女性たちは、主として女性にかかわる諸問題を取り上げながら、イジュティハードの修得をめざしている。しかし、現存する高位の男性ムジュタヒドの多くが、一般信者が女性のムジュタヒドに習従することを認めていないため、女性の学識がムジュタヒドのレベルに達したとしても、学者としての活動しかできないと考えられている。

女子留学生

イランの女子宗教学院は、一九八〇年代から留学生を受け入れることで、海外のシーア派に対して、イランの先進性をアピールしてきた。女子留学生のおもな受け入れ先は、アル＝ザフラー女子学院とビント・アル＝フダー女子学院、それにマシュハドのナルジェス女子学院の三校である。卒業生の多くは、イランでの経験を活かして郷里で宗教学校の教師や説教師として活躍している。ここで留学生のようすを覗いてみることにしたい。

宗教学院で学ぶ女性たちの中心は、寮で暮らす単身留学者であるが、そのほかにも学院に留学する父親や夫に同伴してゴムにやってきた女性たちがおり、彼女たちはキャンパスの外で家族と暮らしている。子育てのために、学位を目的としない科目履修コースで学んでいる女性も少なくない。男性と同様、パキスタン人やアフガニスタン人がめだつが、ゴムが留学生の多様化を進めているために、中央アジア・アフリカ・東ヨーロッパ・東南アジア、さらには中国からの留学生も増えている。

寮で暮らす女性たちの一日は夜明け前の礼拝に始まる。部屋の大きさにもよるが、一室を五〜六人で共有する。ベッドの場合もあれば、絨毯の上に布団を敷くこともある。布団の場合は、朝はたたんで部屋の端に積み上げるので部屋が広々と使える。トイレとシャワーは共有である。マシュハドにあるナルジェス女子学院に数日滞在したことがある。八月の暑さが厳しい時期だった。部屋の天井には扇風機が備え付けられているが、夜になっても気温は下がらないので、学院生たちは布団を抱えて屋上に上がっていく。星空の下で一夜を明かすのだ。四方を比較的高い壁が囲んでいるので外から見られる心配もなく、夜空をひとり占めしているような解放感がある。

▶ナルジェス女子学院の寮の部屋
絨毯の上に布団を敷いて寝る。

寮は女性だけの空間のため、服装の色やスタイルに規制はない。パキスタンからの留学生は、たいてい膝丈までの長いチュニックにゆるめのズボンを組み合わせたシャルワール・カミーズだ。礼拝の時間を除けば、スカーフもチャードルも必要はないが、女性だけであっても、こうした姿で写真に写ることは固く禁じられている。親族以外の男性に写真を見られる可能性があるからだ。

食堂での食事は、にぎやかである。朝食は、ナンとよばれる無発酵の平たいパンにチーズとジャム、それに紅茶が定番となっている。昼食は、野菜と肉を煮込んだシチューとご飯、それにサラダや果物もついて、かなりボリュームがある。そのかわりに夕食は比較的質素だ。

教室は、黒板・教卓・学生用の机と椅子というおなじみのスタイルだが、大広間では、先生を囲んで絨毯に座る昔ながらの授業スタイルも見られる。留学生が最初に直面する壁は語学である。宗教学院の教授語であるペルシア語と同時に、クルアーンの言葉であるアラビア語も修得しなければならないのでかなりの負担となっている。寮では、上級生が下級生の勉強や生活の面倒もみる。ペルシア語集中授業と基礎プログラムを修了するのに一年程度を要するが、その後は、二年間学ぶと短大相当の学位が、四年間学ぶとイスラーム学の学士号を取得することができる。

宗教学院でも高学歴志向が強まっており、修士課程への進学者も増えているが、留学生の場合は、学士号を取得すると帰国する人が多い。帰国した人たちが良い思い出としてよく語ってくれるのが、学院行事の一環となっているイラン国内旅行である。マシュハドの第八代イマームの墓廟やサファヴィー朝の都イスファハーンなどをまわるコースが多い。男子学院生とは異なり、単身で留学している女性たちは、外出の機会もかぎられており、ほとんどの時間を学院内で過ごすことになるので、小旅行は留学生活のハイライトである。

ビント・アル＝フダー女子学院は、一九八二年に数人のイスラーム法学者によって設立された。主としてイラクやペルシア湾岸などのアラブ諸国からの留学生を、アラビア語で教育していた。しかし、二〇〇〇年にイスラーム学世界センターの指導下に入ったのを契機に、アラブ圏外の留学生も受け入れることになり、教育言語がアラビア語からペルシア語に切り替えられた。二〇〇八年現在、二五カ国、五五〇人の留学生が学んでいる。

この学院の建物の地下一階には保育所がある。ブランコや滑り台のある遊戯室、幼稚園児のための教室、〇歳児用の乳児室などがあり、留学生とイラン人教師の子どもたちが、母親の帰りを待ちながら過ごす。アフリカ、東欧、アジアなど、さまざまな地域からやってきた留学生の子どもたちが、ペルシア語で保育されている。年長にもなると子どもたちは流暢なペルシア語で話しかけてくる。

▶ビント・アル＝フダー女子学院

留学生に恵まれた教育環境が用意されているのは、帰国後、彼女たちに説教師や教師として活躍してもらいたいという期待があるからだ。将来の教育や布教活動に備え、アラビア語文法・修辞学・ハディース学・論理学・倫理・歴史・クルアーン解釈などの伝統的な宗教諸学に加え、児童心理・比較宗教・政治学、それにシーア派の特徴でもある哲学や神秘主義なども学ぶ。また在学中から生徒にさまざまな布教活動を経験させて説教技術を磨いてもらう。とくにラマダーン月(イスラーム暦第九月。断食の月として知られる)には、説教のために生徒をイラン各地に派遣するが、なかには郷里に一時帰国し、そこで説教に励む学院生もいる。

性別役割分業

女子宗教学院の設立は、イランでも、また海外のシーア派の間でも歓迎された。宗教が重視される社会において、宗教に関する専門知識を持つことは、家族や社会から尊敬される人物になることを意味したからである。さらに宗教的な知識を身につけた女性たちは、女性のための宗教集会や宗教行事で説教をする、あるいは子どもや女性向け宗教教室で教えるなどの

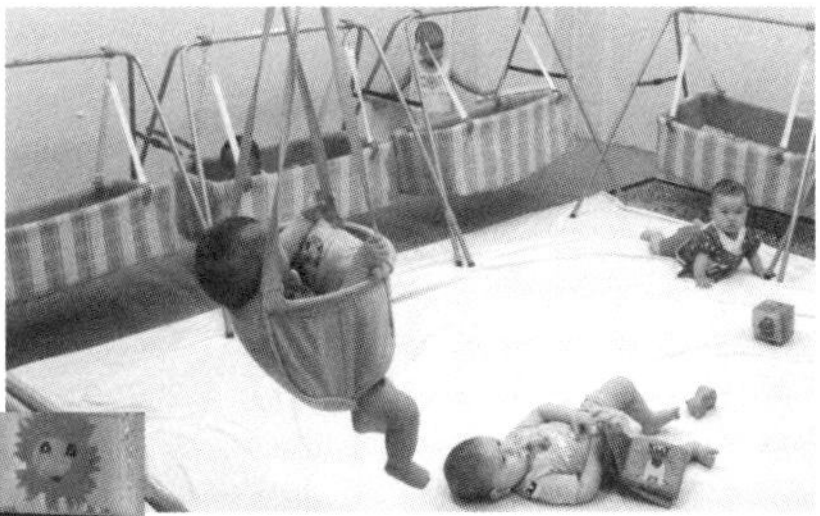

▶ビント・アル＝フダー女子学院地下の保育所の乳児室

◀ビント・アル＝フダー女子学院地下の保育所の遊戯室

活動をつうじて、社会的・経済的に自立できることがわかってきた。

このように宗教学院の教育は、女性の社会参加をあと押ししているが、同時に性別役割分業を是とするジェンダー意識の再生産にも寄与してきた。イランの宗教学院のジェンダー観の基礎となっているのは、男女は、生物学的な性差にもとづき、それぞれに異なった権利と義務を有するという考え方である。モタッハリー(一九二〇~七九)[4]によると、「イスラームは男女が同じだという考えを受け入れないが、それは権利において男性が女性よりも優遇されていることを意味しない」という。ハーメネイーは、「イスラームは、人間の価値という点において男女は等しいとみなすが、与えられた役割という点では異なっているとみなす」と述べている。

こうした考えにもとづき、宗教学院では、女性が、学問・経済・政治といった分野で活躍することを否定するものではないとしつつも、女性の第一の義務は、妻として母として家庭を支えることだと教えてきた。このようなジェンダー観に支えられた女子宗教学院の普及は、宗教界における男性のリーダーシップを正当化し補強する役割を果たしているために、西洋的な男女の平等を求める女性たちにとっては、受け入れがたいものとなっている。

しかし、イランよりもはるかに女性の社会的活動が制限されている社会からの留学生に

4 十二イマーム・シーア派の宗教学者。イスラーム哲学の分野で多くの業績を残すとともに，現代社会の問題にも関心を示し，イスラームにおける女性の権利やヴェールの問題についても論じた。

とっては、男性の権威を尊重し、それに挑戦せずに女性をエンパワーする方法として、女子宗教学院の取り組みは、高く評価されていることも付言したい。

第4章　国境をこえる宗教教育

留学生のための宗教教育

イスラーム法学者の統治への関与を特徴とする「法学者の統治」の実現で始まった宗教学院改革は、男性のための宗教学院、女性のための宗教学院、留学生のための宗教学院のそれぞれにおいて実施されたが、期待される役割の相違から、おのおのに異なった戦略がとられた。イラン人男性のための宗教学院では、一〇段階からなる標準課程の修了を修士号と同等とすることで宗教学院を大学に接近させつつも、ムジュタヒドを養成する上級課程への進学を視野に、標準課程の修了に十分な教育年数を与えている。これに対して、イラン・イスラーム革命以前にはほぼ存在していなかった女子宗教学院の制度設計は、初めから「法学者の統治」体制のなかで女性が担うべき役割に照準を合わせたものとなった。大学制度を導入することで、男性よりも短い期間で宗教にかかわる学位の取得を可能にしている。

留学生のための宗教学院は、制度や教育目的といった点で、女性のための宗教学院に近い。つまり、女子宗教学院と同様に、イスラーム諸学に関する学位をもった教育者や布教者の育成を教育の主たる目的とし、帰国後、それぞれの故郷で「法学者の統治」理念にもとづくシーア派の思想を広める活動に従事してくれることを期待している。

イスラーム学世界センター

現在、ゴムで学ぶ宗教学院生の二割弱、およそ一万二〇〇〇人が留学生だといわれている。ゴムの本屋街を歩いているとアフリカ系やアジア系など、さまざまな顔立ちの人とすれ違う。彼らは、おおむねゴムの宗教学院で学ぶ留学生とその家族である。すでに紹介したように革命以前にもゴムで学ぶ留学生はいたが、留学生の本格的な受け入れが始まるのは、革命以降である。

一九七九年八月、革命からわずか半年後に、海外からゴムの宗教学院への留学を促進するために留学生監督委員会が設置された。この委員会は、一九八六年、イラン・イラク戦争の最中に改組され、イスラーム学世界センターと名を改めた。センターの目的は、第一に、道徳心が高く、現代の諸問題に関心があり、シーア派の思想を広めることができる非イラン人の学者、知識人、研究者、講師、指導者を育成すること。第二に、国際的なレベルで、シーア派のイスラーム思想、文化、教えを広め、促進することである。

イスラーム学世界センターが、最初に取り組んだ課題は、世界各国から優秀な若者をリクルートするための方法を確立することだった。革命後、ゴムではパキスタンやアフガニスタンからの留学生が急増した。アフガニスタン出身者の多くはハザーラ[1]系のシーア派である。彼らは、スンナ派のパシュトゥーン人が多数派を占めるアフガニスタンで、民族的・宗教的少数派として社会的・経済的な差別を受けてきた。ソ連軍のアフガニスタン侵攻[2]で故郷を追われた多くのハザーラが、難民となってイランやパキスタンに流出した。教育機会が保障されていない難民の若者にとって無償で学べる宗教学校は貴重な学習の場である。アフガン難民が集まるパキスタンのバローチスターン州クエッタにあるマドラサ（パキスタンにおける宗教学院の呼称）では、大勢のハザーラ青年が学んでいた。

マシュハドのナルジェス女子学院で出会ったハザーラの女性は、寮長を務める優秀な女性だ。戦火を逃れ家族でイランに移住したが、アフガニスタンでの就学証明書がなかったためにイランの公立学校に編入することができず、独学で勉強し、高校卒業資格を取得した。その後、イラン人と同じ試験を受けてナルジェス女子学院に入学した。アフガニスタンの状況が落ち着いたらカーブルに戻り、同じくイランの宗教学院で学んでいる兄とともに祖国の教育につくすという夢をもっている。

1 アフガニスタン中央の山岳地帯に暮らしていたモンゴロイド系の人々で，その多くが十二イマーム・シーア派。
2 1979年12月末，ソ連軍がアフガニスタンに侵攻し，89年の停戦まで駐留した。

ゴムでは、パキスタン人の学院生もめだつ存在である。パキスタンでも無償で教育が受けられる全寮制のマドラサは、経済的な理由で進学がかなわない若者にとってはありがたい存在である。地元のマドラサからゴムに留学することができれば、将来、宗教者として自立することも夢ではない。こうした理由から、革命後、パキスタンからゴムをめざす若者が急増した。一九八〇年代に夫とともにゴムに留学したという女性によると、当時はまだ留学に対する規制がなく、知り合いさえいれば簡単にゴムへ行けたことから、パキスタン人の間でゴム留学はちょっとしたブームだったという。

イラン・イラク戦争が停戦を迎えるころには、イスラーム学世界センターは、留学生の多様化を促進するための次のような方法を定着させていった。

第一は、一定数の志願者が見込まれる国に試験官を派遣し、筆記試験や面接試験を実施して合格者を決める方法である。通常は、地元のシーア派系宗教学校の協力を得て学院生を募集する。パキスタンの場合は、国内のシーア派宗教学校を統括するシーア派マドラサ委員会[3]の協力を得て、同委員会が実施する卒業試験の成績上位者を対象に選考を実施している。

第二は、世界各国にあるイラン大使館、イラン文化センター、イスラーム学世界センターと協定を結んでいる現地の宗教学校などが推薦する若者を対象に試験を実施する方法で

[3] パキスタンには，宗派・セクト別に五つのマドラサ委員会があり，シーア派マドラサ委員会もその一つ。1959 年にラホールに設立された。

ある。シーア派人口が少なく、地元にシーア派の宗教学校がない地域では、イラン文化センターが学院生のリクルートに大きな役割を果たしている。センターが主催するペルシア語教室やイスラーム講座の参加者のなかから候補者を見出すこともある。

第三は、個人で出願する方法である。イラン在住の外国人は、個人的にイスラーム学世界センターに出願することができる。夫の留学にともなってゴムにやってきた女性にこのようなケースが多い。

出願の方法とともに出願条件も定められた。レベル一(短大相当)に出願するためには、ムスリムであること、高卒資格を有するか、少なくとも十一年の基礎教育を終了していること、年齢は一八歳以上二二歳未満でなければならない。レベル二(学士相当)の場合は二三歳未満、レベル三(修士相当)の場合は三〇歳未満、レベル四(博士相当)は三五歳未満でなければならない。ただし国によって教育制度が異なっているだけでなく、教育制度そのものが整っていない地域もある。そうした地域から留学生を迎える場合には、これらの原則が厳格に適応されるわけではないようだ。

またイスラーム学世界センターのもとで、レベル一、レベル二、レベル三、レベル四、レベル五(イジュティハード修得課程)という五段階の教育制度が導入され、卒業時に一般大学と同等の学位も取得できるようになった。また、単位制・学期制の導入にともなって、宗教学院で使われてきた古典的なテキストにかわって、学習の要点を効率よく学べるようなテキストが導入されていった。

ペルシア語を母語としない留学生は、入学前に六カ月間のペルシア語集中授業を受ける。ペルシア語でペルシア語を教える、いわゆるダイレクト・メソッドとよばれる教授法が採用されている。ペルシア語の音から入ることで、読み書きと会話を同時に学ぶ。ペルシア語集中授業が終了すると、基礎コースに移行する。基礎コースでは、六カ月から八カ月かけて、ペルシア語の運用能力を高めつつイスラーム諸学の基礎を学ぶ。

イスラーム学世界センターの管轄下にあるイマーム・ホメイニー高等学院（二〇〇八年よりイマーム・ホメイニー高等教育学院）は、一九九二年、ハーメネイーの命で設立された男子留学生専用の宗教学院である。この学院が設立されると、それまでいくつもの学院に分散していた男子留学生の大半が、ここに集められた。イスラーム学世界センターの管轄下にある学院のなかではもっとも多くの国から留学生を受け入れてきた。イマーム・ホメイニー高等学院は、イラン人学生がうらやむほど施設が充実している。モスク、図書館、レストラン、ジム、プール、バスケット・コート、学生寮、床屋、仕立て屋、銀行などキャンパス内ではほとんどの用事をすませることができる。

革命直後から男子留学生を受け入れてきたホッジャティエ学院は、二〇〇二年末に改名

◀イマーム・ホメイニー高等教育学院

され、イスラーム法学・イスラーム学高等学院となった。イマーム・ホメイニー高等学院と同様に、レベル一からレベル四までの教育をおこなう。このほかにもイスラーム学世界センターの傘下には、ビント・アル＝フダー女子学院、イスラーム法学・法源学専門学院（二〇〇四年設立）、ラスール・アクラム学院などがある。ラスール・アクラム学院は、一九九六・七年、カスピ海沿岸のゴルガーンにスンナ派の四法学派の信徒のための学院として設立された。当初は、中央アジアやロシアからの留学生に五年間の教育課程を提供していたが、二〇〇五・六年からは、学術省が認可する新しい教育課程のもとで、全世界から学生を受け入れている。

このほかにも、イスラーム学世界センターの傘下には、外国人のためにペルシア語教育をおこなう言語教育・イスラーム学センター（一九八二年設立）、宗教学院生に人文学を教えるための人文学研究所（二〇〇五・六年設立）、海外在住者のためのイマーム・ホメイニー国際イスラーム・ヴァーチャル大学（二〇〇一年設立）、ウラマーや研究者に研修や研究の機会を提供する短期教育研究センターなどがある。教育機関のほかに、研究センター、出版局、留学生の家族や住宅の世話をするセンター、学院生のためのカウンセリング指導センターなども運営している。さらにゴムの本部に加え、二〇〇二年にはマシュハド事務所が、二〇〇五年にはイスファハーン事務所が開設された。

イスラーム学世界センターは、留学生を受け入れている既存の宗教学院を傘下に組み込むとともに、留学生のイランでの生活を支援するセンターや機関を新たに設置することで、留学生を対象とする包括的な教育事業を展開してきた。しかし、留学生を受け入れている宗教学院のすべてが同センターの直接的な指導下にあるわけではない。たとえば、イラン人と留学生の双方を受け入れているアル＝ザフラー女子学院は、イラン人のための宗教学院を統括しているゴム女性宗教学院運営センターの管理下ある。しかし、イスラーム学世界センターもゴム女性宗教学院運営センターも、ともに最高指導者ハーメネイーの直轄機関であり、基本的な方針には差はない。

イスラーム学世界センターを経由してゴムに集まる留学生たち全員が、シーア派というわけではない。最近でこそ少なくなっているものの、設立当初は、ソ連から独立した中央アジアの国々や中国、インドネシア、タイ南部、アフリカ、東欧などからゴムにやってきた留学生のなかには、イランに来るまでシーア派とスンナ派の違いを知らなかった、あるいはイランがシーア派であることを知らなかった人もいたといわれている。イランが、非シーア派地域からの受け入れにも力を入れているのは、イランに親近感をもち、イランと繋がりのある人材を育成することが重要だからだ。とくにシーア派を異端とみなすワッハーブ主義の影響力が強まっている地域から留学生を招くことは、彼らがシーア派に改宗するか否かにかかわりなく重要だと考えられている。

イスラーム学世界センターのもとで制度化された留学生教育の特徴は、上級課程に進むまで原則として留学生はイラン人の学院生とは別の教育機関で学ぶという点である。このような配慮をしているのは、アラビア語やペルシア語を母語とする一部の留学生を除けば、大半の留学生が、両言語において大きなハンディがあるだけでなく、イランの高校生と比較すると、シーア派に関する知識や、論理学や哲学などの基礎知識が不十分だからである。留学生に配慮した学習プログラムを用意することで、学習効率を上げるというのが、イスラーム学世界センターの方針である。

こうした留学生への配慮は、留学生とイラン人との交流の障壁にはならないのだろうか。一九九〇年代初頭にゴムのホジャッティエ学院で留学生活を送ったインドネシア人によると、ゴムで学ぶ学院生は、イラン人であれ留学生であれ、ほかの学院やファーティマ廟で開かれる講義に自由に参加し、そこでの討論に加わることが奨励されていたので、そこでさまざまな交流があったという。また、初級課程を教える教師の多くは、宗教学院の上級課程で学ぶイラン人学院生だったことから、そこでも若者同士の交流があったようだ。

しかし、最近イマーム・ホメイニー高等教育学院から戻った留学生によると、教育課程が制度化されたことで単位の取得が学習の中心となり、学院外の講義に参加するなど学院生の自発的な学習機会が減ったという。厳しい外出規制がある女性の場合は、生活のほとんどが学内で完結してしまうために、実際のイラン社会を体験する機会は、残念ながらかぎられているようだ。

イスラーム学世界センターがイラン国内における非イラン人の宗教教育を指導しているのに対して、海外での教育活動を指導しているのが、一九九一・九二年に設立された海外宗教学院・宗教学校機構である。この機構は、六〇カ国で一五〇の学校を指導しているという報告もあるが、機構による「指導」の具体像は明らかではない。

ゴムの宗教学院の卒業生がパキスタンで運営しているシーア派の宗教学校を訪問した際に同機構についてたずねると、機構が派遣するイラン人ウラマーの訪問を受けている、教材に関する助言を受けているなどの回答を得たが、機構から直接の指導や財政支援を受けているわけではなかった。こうした学校が、一五〇校に含まれているのかどうかわからないが、次章で説明するように、海外宗教学院・宗教学校機構の活動は、アル＝ムスタファー国際大学に引き継がれることで、より体系的なものに発展することになる。ただし、イラン国内で教育活動に従事している宗教学院とは異なり、現地の状況に合わせた多様な形態の教育施設を運営しているため、施設ごとに教育内容やレベルが異なっている。

アル＝ムスタファー国際大学

二〇〇八年、イスラーム学世界センターと海外宗教学院・宗教学校機構は統合され、アル＝ムスタファー国際大学が誕生した。これによって同大学のもとで、非イラン人を対象とする宗教教育が一括管理されることになった。アル＝ムスタファー国際大学は、大学が所有する工場や投資での収益、信徒が支払う宗教税などによって運営されている私立大学だが、最高指導者の直轄機関の一つとして、政府からも相当額の助成を受けている。

イスラーム学世界センターからアル＝ムスタファー国際大学への改名には二つの重要な狙いがあったと考えられる。第一は、大学名をペルシア語からアラビア語に変更した点である。ちなみに〝ムスタファ〟は、預言者ムハンマドの別称で「選ばれし者」を意味するアラビア語である。第二は、学術省から大学として認可を受けたことで、アル＝ムスタファー国際大学の名前で学士号、修士号など、国際的に通用する学位の授与が可能となった。世界の高等教育機関の仲間入りを果たしたことで、卒業生の他大学大学院への進学が可能となっただけではなく、職業選択の幅も格段に広がった。

教育目標という点では、アル＝ムスタファー国際大学は、イスラーム学世界センターと同様に、宗教学院がつちかってきた伝統的な宗教教育と人文学、外国語教育、情報通信教育などを組み合わせることで、信仰心をもち、イスラーム諸学に精通しながらも、一般大学の卒業生と対等にわたり合えるだけの現代的な学問的素養も身につけた新しいタイプのエリートを創出することをめざしている。制度面においては、イスラーム学世界センターの傘下にあった学院やセンターのほぼすべてが、若干の組織変えや名称等の変更などをともないつつもアル＝ムスタファー国際大学に引き継がれた。

アル＝ムスタファー国際大学の教育の特徴について、同大学のアラーフィー学長にたずねた。学長によると、アル＝ムスタファー国際大学が、教育活動においてとくに重視しているのは、一、理性的・哲学的・分析的視点、二、宗教間・宗派間の比較と対話、三、人文学・社会科学への関心の三点である。さらにこの三点は、アル＝ムスタファー国際大学に固有のもので、サウディアラビアのメディナ国際大学やウンムクラー大学、エジプトのアズハル大学、パキスタンのイスラーム大学など、アル＝ムスタファー国際大学と同様に世界各国から留学生を受け入れているイスラーム系宗教大学には見られない特徴とのことだ。

これら三つの特徴をもう少し詳しく見ることにしよう。第一の理性的・哲学的・分析的視点は、アル＝ムスタファー国際大学を含め、革命後のゴムの宗教学院に共通する傾向である。その礎を築いた人物の一人、アッラーメ・タバータバーイーは、一九四〇年中ごろからゴムで哲学を教えていた。当時もそして現在も宗教学院でもっとも重要な学問はイスラーム法学だが、イブン・スィーナー（別名アヴィセンナ、九八〇〜一〇三七）[4]やムッラー・サドラー（一五七一・二〜一六四〇）[5]などから多大な影響を受けたタバータバーイーは、あえて傍流だった「理性の学」すなわち哲学を志した。その理由は、当時、イランの知識人や大学生、さらには宗教学院生の間でももてはやされていたマルクス主義をはじめとする唯物論を、イスラーム哲学の観点から論破するためだった。『哲学の諸原則と実在論の方法』はその成果である。タバータバーイーの講義には、唯物論にふれたことで、多くの疑問を抱えるようになった学院生たちが詰めかけたという。

その一方で、法学者たちの反応は冷ややかだった。それは、ウラマーの多くが、ギリシア哲学を起源とする「理性の学」によって信仰にかかわる問題を論じることに反感を抱いていたからだ。当時、マルジャア・アッ＝タクリードだったボルージェルディーは、哲学の講義を中止するよう書面を送ったとされているが、タバータバーイーは聞き入れなかった。

宗教学院で哲学を教えることの是非をめぐる対立は、一九七九年の革命で、新しい局面を迎える。イスラーム哲学や神秘主義哲学に造詣が深かったホメイニーを国家の最高指導者とする「法学者の統治」が確立したからだ。革命後、哲学はイスラーム諸学の基礎として、宗教学院の中心的カリキュラムに組み込まれるようになり、タバータバーイーの著作

4 『治癒の書』や『医学典範』の著作で知られる医学・哲学者。
5 サファヴィー朝イランで活躍した十二イマーム・シーア派の神秘主義哲学の代表的な学者。

もテキストとして広く読まれるようになった。

第二の特徴である宗教間・宗派間の比較と対話とは、どのようなものなのだろうか。アル＝ムスタファー国際大学は、シーア派の宗教系大学だが、イスラームの諸宗派や世界の諸宗教に関する授業も積極的におこなうなど、他宗教や他宗派にも関心を払っており、宗教間比較を重視している。比較の視点は、哲学の領域でも重視されている。ゴムの宗教学院では、西洋近代哲学、とくに唯物論の欠陥を明らかにし、イスラームを擁護したタバータバーイーや彼の弟子であるムタハッリーの著作が広く読まれている。

アラーフィー学長は、「我々は学院生に西洋文化や西洋の学問を学ぶことを禁じたことはない。学院生には、それらを批判的に考察する力を養うように促している。我々にとって重要なことは、すべての領域において、宗教的な視点、有神論の見方があるということを知ることであり、宗教の基礎すなわち信仰、道徳、法の観点からイスラームやシーア派に向けられたさまざまな問いかけに対して、論理的に答えることのできる学院生を教育している」と述べた。アル＝ムスタファー国際大学では、対話促進のために、他宗教の研究者を招くなどの活動もおこなっている。

第三の人文学・社会科学への関心は、アル＝ムスタファー国際大学のカリキュラムにおける顕著な特徴である。イランでは、西洋からの輸入学問を教えてきた大学と宗教学院との間に存在する溝を埋め、イスラーム的な観点から人文学・社会科学を見直すとともに、伝統的な宗教諸学を再考し、現代の諸問題にも対応しうるものにしようという「宗教学院と大学」というプログラムがある。宗教界はプログラムの推進に積極的だが、大学では、学問の自由を奪う政策、イデオロギー教育の押しつけであるとして、これに反発する教員も少なくない。こうした状況のなかで、設立当初からアル゠ムスタファー国際大学は、宗教教育と人文学の融合を強く打ち出してきた。教育の対象が留学生だったこともそれを容易にしたと考えられる。

アル゠ムスタファー国際大学のカリキュラムを覗いてみることにしよう。二〇一三年の時点でウェブサイトに公表されていたカリキュラムによると学士課程は、イスラーム学専攻(一〇プログラム)と人文学専攻(一三プログラム)に分かれている。どのプログラムも、「宗教学院(ハウザ)科目」、「一般科目」、「中心科目」、「選択科目」で構成されている。「宗教学院科目」は、宗教学院で教えられてきた科目を中心に構成されており、語形論、統語論、論理学、イスラーム哲学、解釈学、クルアーン学、『ナフジュ・アル゠バラーガ』[6]、読解力、イスラーム法などが含まれる。「一般科目」に配置されているのは、イスラーム思想、初期イスラーム史、イマーム・ホメイニーの社会政治思想、ペルシア文学、体育、イスラーム倫理、テーマ別クルアーン解釈、家族経営、外国語などである。「中心科目」「選

[6] 初代イマーム・アリーの説教や書簡などを集めたもので，編者は，十二イマーム・シーア派の学者シャリーフ・ラディー。歴代イマームのハディースの中ではもっとも重要とされている。

択科目」は、専攻やプログラムごとに異なるが、イスラームの視点から教育、法、経済、政治、経営、心理といった大学でもなじみのある科目を学ぶところに特徴がある。

イスラーム法の分野でも、現代社会が直面しているさまざまな問題に対してイスラームにもとづく行動規範を示すために、たとえば、環境・技術・医療・芸術・経済・家庭・教育にかかわる新たな法学(フィクフ)の分野が授業科目として導入されている。これ以外にも、学院生が帰国後、布教や教育文化活動を担っていくうえで役に立つような外国語の習得や情報処理技術、語りや作文の技法、管理・運営術、さらには裁縫や工作などの技能教育も取り入れている。

宗教学院の授業科目と人文社会科学系科目を組み合わせ、さらに語学や技能教育も導入しているアル=ムスタファー国際大学のカリキュラムは、イスラームに関する一般的知識を修得したい留学生や、宗教者以外の職業を希望する留学生にとっては魅力的なものといえるだろう。しかし、宗教教育に特化している宗教学院に比べるとイスラーム諸学そのものにさく時間が少ないために、留学生がムジュタヒドをめざそうとすれば、かなりの覚悟が必要となる。

アラーフィー学長によれば、現在、ムジュタヒドになるためにレベル五でイジュティハードを学んでいる留学生は十数人だという。つまり、ほとんどの留学生がムジュタヒドのレベルに到達する以前に帰国するのである。すでに述べたとおり、十二イマーム・シーア派の間では、ムジュタヒドへの習従、とくにムジュタヒドのなかでもっとも学識の高いマルジャア・アッ＝タクリードへの習従を一般信徒の義務とみなす考え方が、十九世紀のナジャフで興こり、その後各地に広まった。しかしながら、実際にはシーア派であっても、こうした考え方になじみのない信者や知っているが重視していない人もいる。

そこでゴムで学ぶ留学生に期待されているのは、帰国後、マルジャア・アッ＝タクリードの法解釈に習従することの重要性を広めることであるが、その際、ハーメネイーをはじめとするイラン在住のマルジャア・アッ＝タクリードへの習従が期待されていることはいうまでもない。つまり留学生の役割は、世界各地のシーア派を、ゴムを頂点とするシーア派宗教界のヒエラルキーに取り込むことでもある。

最後にもう一つ忘れてはならない特徴が、アル＝ムスタファー国際大学のペルシア語教育である。イスラームの共通語は、クルアーンの言葉アラビア語である。非アラビア語圏のムスリムも、クルアーンは必ずアラビア語で朗唱する。しかし、アル＝ムスタファー国際大学の教育言語はペルシア語である。教師のほとんどがイラン人だということを考えれば自然の選択ではあるが、ペルシア語で学ぶ理由はそれだけではない。ゴムでは、アラビア語を「クルアーン語」、ペルシア語を「革命語」とよび、イラン・イスラーム革命の精神を学ぶためには、ペルシア語で著されたホメイニーをはじめとする革命の指導者たちの著作を読むことが大切だと教えている。

ゴムをシーア派学問の中心にしようという試みは、ペルシア語をシーア派の共通語にしようという試みでもあり、さらには、シーア派学問のイラン化でもある。アル＝ムスタファー国際大学が、留学生へのペルシア語教育に力を入れている理由もここにある。

アル＝ムスタファー国際大学の海外戦略

アル＝ムスタファー国際大学の英語版ウェブサイトによると、二〇一四年現在、同大は二一カ国に二四の海外校をもっている。しかし、アル＝ムスタファー国際大学となんらかの関係を有する海外の教育機関の数は、二四校をはるかにこえている。冒頭で紹介したアル＝ムスタファー国際大学日本校のオープニング・セレモニーで、参加者に配布された案内には、「世界約六〇カ国に支部を持つ」と記されている。「支部」と表現されている教育機関が、アル＝ムスタファー国際大学の海外校なのか、附属校なのか、系列校なのか、協定校なのか、事務所なのか、その位置づけは明確ではないが、本書では、「海外校」とよぶことにしたい。それでは、ウェブページやパンフレットを頼りにアル＝ムスタファー国際大学の海外校の分布を探ってみることにしよう。

Column #03

コンゴからの留学生

アル＝ムスタファー国際大学の傘下にあるビント・アル＝フダー女子学院で学んでいる留学生の横顔を紹介しよう。

――自己紹介をお願いします。

リーマー・ファラーンガーと申します。コンゴ民主共和国から来ました。八歳のときにカトリックからイスラームに改宗しました。私の家族は、カトリックもいれば、ムスリムもいますが、毎年、ラマダンには家族みなが祖母の家に集まり断食をしています。義務ではなかったのですが、私は六歳のときにはじめて断食をしました。そんなことから少しずつイスラームに目覚め、八歳のときにムスリムになったのです。

――宗教学院に入った動機はなんですか？

宗教学院に入学した理由は、自分のなかにあるいろいろな疑問に対する答えがほしかったからです。そうしなければ私の信仰もいずれは揺らぐと思いました。もう一つは、イスラームにおける女性の位置づけに関心を持っていました。というのも、私の国には、イスラームは女性にいっさいの価値を認めていない、女性に教育を受ける権利さえ認めていないと思っている人が大勢います。この点について自分自身で確かめたかったのです。

――あなたのこれまでの活動について教えてください。

コンゴでは、教育学の学位をとったので、小学校・中学校、それに幼稚園でも教えました。イランに来てからは、学院での勉強以外に、例えば役に立つと思ったことを翻訳して母国の雑誌に送ったりしています。イランでは、いろいろな町で話をする機会をもらいました。そこではおもに私の個人的な経験を話しました。でも祖国では、宗教に関するさまざまなテーマで話をしたいと思います。

――あなたの国では、第三代イマーム・フサインの哀悼行事は、どのようにおこなわれていますか。

私の国では、イランのように大々的に哀悼行事はおこないません。大多数のコンゴ人はキリスト教徒だからです。またムスリムの間でも、シーア派は、通りで哀悼行事をおこなうほどの数がいませんので、モスクで説教をし、シーネザニー〈胸を叩きながら悲しみを表現する行為〉をします。

――ありがとうございました。

（『フダー』〈ビント・アル＝フダー女子学院発行〉創刊号〈二〇〇七年〉より）

アル＝ムスタファー国際大学の海外展開で目を引くのが、サハラ以南のアフリカ地域である。ウェブページの情報によると現在、ガーナに三校、ブルキナファソ・ベナン・コンゴ・カメルーン・マダガスカル・マラウィ・タンザニアに各一校の海外校がある。また、海外校の存在は確認できなかったが、アル＝ムスタファー国際大学はナイジェリアやマリといった国々とも関係を深めている。

これらのなかで、とくにガーナにあるイスラーム大学カレッジ・ガーナは、サハラ以南のアフリカにおけるアル＝ムスタファー国際大学の重要な拠点となっている。この大学の前身は、一九八〇年代後半にイランのアフル・アル＝バイト協会が、ガーナの首都アクラに設立したアフル・アル＝バイト・イスラーム学校である。一九九五年に大学を設立するための土地を購入し、二〇〇二年にガーナ大学から認可を受け、私立大学として正式に発足した。現在は、経営学、経営情報システム学、コミュニケーション学、イスラーム学の四専攻で学士課程をもっており、イランから派遣された博士号をもつイスラーム学の専門家が学長を務めている。

マダガスカルには、一九八六年に開校したアラビア語でイスラーム諸学を教えるイマーム・サーデクという高等教育機関があり、アル＝ムスタファー国際大学の海外校となっている。マラウィにも一九九四年、同様の教育機関が設立されている。二〇〇〇年初頭にはカメルーンとベニンでも、類似の教育機関が設立された。二〇〇六年、タンザニアに設立されたダール・アル＝マフディーは、スワヒリ語でイスラーム諸学を教える高等教育機関である。これらの機関にはイランから校長が派遣されている。

アフリカにおける海外校の分布からアル＝ムスタファー国際大学の海外戦略の一端をうかがい知ることができる。サハラ以南においてムスリムが人口の過半数をこえているのは、ブルキナファソとマリのみだ。さらにインド系やレバノン系の十二イマーム・シーア派の移民がいる一部の地域を除けば、住民の大多数はスンナ派である。アル＝ムスタファー国際大学副学長のエラヒー博士は、日本校の開会式にも参加した人物だが、ガーナのイスラミック大学カレッジの設立やマリのイスラーム研究センターを指導するなど、一二年にわたってアフリカで活躍した。

同副学長は、雑誌のインタヴューで、サハラ以南のアフリカでシーア派が増えているのは、これらの地域でワッハーブ主義運動が展開している反シーア派活動が成功していない証拠だと述べている。この発言から、アル＝ムスタファー国際大学は、シーア派にもとづくイスラーム教育をつうじて、親シーア派的な環境を育成し、ワッハーブ主義をけん制しようとしていることがわかる。

中東に目を転じると、意外なことに海外校があるのは、レバノンとシリアの二カ国のみだ。両国は中東におけるイランの友好国である。革命以来、反米・反イスラエルを堅持してきたイランにとって、対イスラエル戦争の最前線にある両国を支援することはイランの基本的な外交姿勢を内外に示すうえで重要だと考えられてきた。アル＝ムスタファー国際大学が両国に進出した背景には、こうした外交上の繋がりがあることは想像に難くない。一方、シーア派が多数派を占めているイラクやバハレーン、少数派でありながらシーア派の存在が政治的に大きな意味をもっているクウェート、サウディアラビアなどにはアル＝ムスタファー国際大学の海外校は存在していないようだ。なぜだろうか。

イラクの場合、真っ先に考慮しなければならないのは、ナジャフの存在であろう。二〇〇三年、サッダーム・フセイン政権が崩壊した後、イラクにはシーア派中心の政権が誕生した。その後、スンナ派とシーア派の宗派対立が激化したために、ナジャフの再興は思うように進展しなかったが、最近は、少しずつ学院生が戻っているという報告もある。学習環境という点からみればナジャフはゴムにはおよばないものの、アラブ系のシーア派にとってはナジャフこそが中心だという意識は強い。アラビア語で学べる環境も魅力的である。

また、ナジャフは、「法学者の統治」に批判的だったフーイー（一九九二没）[7]が活躍したことから、ゴムとは異なる路線をめざす人たちを引きつけているという点も見逃すことができない。さらにナジャフは、アラブの地にありながらも、イラン出身のスィースターニ

7 ナジャフで活躍したイラン出身のマルジャア・アッ＝タクリード。政治に関与しない姿勢を貫くホメイニーの論敵でもあった。

一（一九三〇〜　）、パキスタン出身のバシール・ナジャフィー（一九四二〜　）、アフガニスターン出身のムハンマド・ファヤード（一九三〇〜　）[10]など、非アラブ系のマルジャア・アッ＝タクリードも活躍する国際的なシーア派学問の拠点である。つまり、ナジャフの宗教学院は、アル＝ムスタファー国際大学のライバルにほかならない。

バハレーンは、イランと歴史的に深いつながりをもっている国の一つだ。サファヴィー朝期にイランの支配がおよんだこともあり、シーア派が多数派を占めている。そのために、現在、バハレーンを支配しているスンナ派のハリーファ国王は、自国のシーア派系住民がイランとの結びつきを深めることを警戒している。政治的にアル＝ムスタファー国際大学が進出しにくい環境といえよう。スンナ派の国王が統治するサウディアラビアやクウェートも、自国のシーア派系住民がゴムとのかかわりを強めることを望んではいないことから、アル＝ムスタファー国際大学が進出しにくい環境にあると考えられる。

近年、アル＝ムスタファー国際大学の存在感が増しているのが、旧オスマン帝国支配地域のアルバニアやボスニア・ヘルツェゴヴィナなどの東欧諸国である。イランは、一九九二年にボスニア紛争が勃発するとボスニアへの支援に力を入れた。その過程ではサウディアラビアと競い合ったともいわれている。しかし、一九九五年に紛争が終わると、イランは政治・軍事的支援から文化的支援へと路線を変更した。大使館付属の文化センターでは

8 マルジャア・アッ＝タクリードとしてナジャフで活躍するイラン出身のイスラーム法学者。フーイーの弟子。

9 英領インド生まれのイスラーム法学者。印パ独立後にパキスタンに移り，1960年代中頃からナジャフで学ぶ。

10 アフガニスタンに生まれたハザーラのイスラーム法学者。幼少期に家族でナジャフに移住。

ペルシア語教室が開かれている。シーア派関連書物の現地語出版を手掛けるのは、ムッラー・サドラー財団である。一九九六年に設立されたイブン・スィーナー研究所は、哲学・神秘主義哲学、文化・文明、ペルシア語・ペルシア文学、バルカン研究の四つの研究センターからなる研究機関である。コウサルというシーア派の女性団体もある。この団体は雑誌の発行に加え、テレビやラジオ番組の制作をつうじて、親シーア派的な環境づくりをしている。

さらなる文化支援のために、一九九九年、サラエボ郊外にアル＝ムスタファー国際大学の海外校であるペルシア・ボスニア・カレッジが開設された。このカレッジは、全寮制の中等教育機関で、サラエボの中等教育機関と同じカリキュラムを採用しているが、課外授業として、ペルシア語やシーア派に関する教育のほか、イラン研修旅行なども実施している。

二〇〇七年にはアルバニアにもルーミー財団という教育研究機関が、アル＝ムスタファー国際大学の海外校として設立された。ルーミー財団は、イランやシーア派に関する書籍の出版を手掛けており、ホセイン・ナスル[11]、ウイリアム・チチック[12]、タバータバーイーなど欧米で名の知れた学者の著作が出版されている。また、二〇一〇年には、初となるアルバニア・ペルシア語辞典も出版された。アルバニアでは、このほかにもサァーディー・カレ

[11] 1933年イラン生まれ。イスラーム科学やイスラーム哲学などに関する多くの著作で知られる。ジョージ・ワシントン大学教授。
[12] ルーミーをはじめとするイスラーム神秘主義者の作品の翻訳や研究で知られるニューヨーク州立大学教授。

ッジ（高校）、クルアーン財団、サァーディー・シーラージー文化財団など、イランから支援を受けた団体による文化活動が盛んだ。

西欧は、イギリス・デンマーク・ノルウェー・スウェーデンに海外校があるが、そのなかでもアル＝ムスタファー国際大学がとくに力を入れているのが、一九九八年に設立されたイスラーム・カレッジ・ロンドン校である。設立時から学長を務めるのは、ゴムの宗教学院で学んだ後、イギリスのバーミンガム大学で博士号を取得したイラン人のエルミー博士で、アル＝ムスタファー国際大学の副学長も兼任している。「当事者の視点」から西欧におけるイスラーム研究を推進することや西欧社会で活躍するムスリムのイスラーム学者を育成することをめざしている。

イギリスのミドルセックス大学との協定締結により、二〇〇二年からイスラーム学の学士号が、二〇〇七年からはイスラーム学の修士号の取得が可能となった。学部は、イスラーム学、ムスリムの文化と文明、宗教学院（ハウザ）の三コースに分かれており、入学に際しては英語力が要求される。宗教学院コースは、主として宗教学院で教えられてきたイスラーム諸学を学ぶもので、西欧社会に暮らすムスリムの宗教上のニーズに応えられるような人材を育成することをめざしており、女性にも門戸が開かれている。修士課程にはイスラーム学、イスラームと西洋、イスラーム法の三コースが置かれている。イスラミック・

カレッジ・ロンドン校は、シーア派関連書籍の図書館をもっているほか、シーア派関連書籍の英訳や季刊誌『シーア派イスラーム研究』[13]なども出版している。

ロンドンには、ホメイニーやハーメネイーと競争関係にあるナジャフ在住のマルジャア・アッ＝タクリードたちの事務所や学校がある。生前ホメイニーの論敵として知られたフーイーの息子や弟子が管理するフーイー慈善財団（一九八九年設立）はロンドンを本拠地としており、ロンドンには同財団の運営するアル＝サーディグ校やアル＝ザフラー校などがある。フーイーの高弟で、現在世界中でもっとも多くの信徒が習従しているとされるナジャフ在住のスィースターニーが運営するイマーム・アリー財団もロンドンにある。アル＝ムスタファー国際大学が、シーア派学問の中心となるためには、競合するマルジャア・アッ＝タクリードたちが進出しているロンドンで実績を上げることが重要である。

アル＝ムスタファー国際大学は、アジアにも進出している。インドネシア・インド・バングラデシュ・スリランカ・タイ・フィリピン・それにアフガニスタンに海外校をもつ。冒頭で紹介したように日本でも活動が始まっている。

アル＝ムスタファー国際大学は、世界最大のムスリム人口を擁するインドネシアでも成功を収めている。アル＝ムスタファー国際大学のインドネシア進出を助けているのが、ゴムに留学したインドネシア人たちだ。インドネシアからゴムへの留学は、一九七〇年代に

[13] Journal of Shi'a Islamic Studies

始まっているが、本格化したのはイラン・イスラーム革命後である。一九八二年、イランは、三人の宗教指導者をインドネシアに派遣している。彼らは、東ジャワのバンギルを訪問し、そこでイスラーム・プサントレン財団（YAPI）を率いるフサイン・アル＝ハブシー（一九九四没）と出会う。以後、ハブシーの紹介で若者がゴムの宗教学院に留学をしたが、彼の死後は、イスラーム学世界センターから試験官が派遣されるようになった。

ところで、スンナ派が大多数を占めるインドネシアで、なぜ若者がゴムをめざすようになったのだろうか。そのきっかけは、やはりイランの革命だった。革命後、インドネシアでは、アリー・シャリーアティー（一九三三～七七）[14]、モタッハリー、ホメイニーなど革命運動に影響を与えた思想家たちの著作が翻訳され、人々の関心を集めた。革命の影響を恐れたスハルト政権（一九六八～九八年）は、イランに渡航するインドネシア人に警告を出すなどの対策に乗り出した。スンナ派ウラマーの間でもシーア派に対する警戒感が強く、一九八四年のインドネシア・ウラマー委員会年次大会では、インドネシアにおけるシーア派の地位について話し合われた。委員会からシーア派を禁じる教令（ファトワ）こそ出されなかったものの、シーア派による布教に対する注意が喚起された。その後もシーア派に対する批判が続いたために、インドネシア国内でシーア派による表立った発言や活動は見られなかった。

[14] 1960年代に社会学を学ぶためにパリのソルボンヌ大学に留学した。フランツ・ファノンらとの交流をつうじて第三世界が抱える現状を見つめながら，自身のイスラーム改革思想をつくりあげていった。帰国後は講演や講義をつうじて支持者を獲得。1979年の革命に向け，人々に大きな影響を与えた。

しかし、一九九八年にスハルト政権が崩壊し、言論・結社の自由化が進んだことから状況が一変し、二〇〇三年に五人のイラン人によってジャカルタにイスラーム文化センターが設立された。センターは、ペルシア語学習会、一般向けの宗教集会やシーア派関連の儀礼などをつうじて、シーア派への理解を広める活動に着手した。また同じ年にイスラミック・カレッジ・ジャカルタ校も設立されている。カレッジは、宗教に対する哲学的、理性的なアプローチをつうじて、現代社会が直面している複雑かつ膨大な諸課題に立ち向かうことを使命としている。またイスラーム文明とその他の文明との対話や、哲学と宗教、哲学と科学、宗教と科学、哲学と神秘主義、神秘主義とイスラーム法学といった学問間の対話もめざす。

同校のパンフレットや看板には、イスラミック・カレッジ・ロンドン校の「支部」であると記されているが、運営資金をはじめ、学長や事務職員はアル＝ムスタファー国際大学から送られている。しかし、ここで実際に教鞭をとっているのは、主としてゴムに留学したインドネシア人だ。ジャカルタ校には、イスラーム哲学とイスラーム神秘主義の二専攻からなる男女共学の修士課程があり、同校の学位は、インドネシアのパラマディナ大学によって認定される。

哲学を専攻している男性の話によると、授業は英語・アラビア語・インドネシア語のいずれかの言語でおこなわれており、ペルシア語は必須ではない。英語で修士論文を執筆することになっているが、英文要旨をつければ、インドネシア語で執筆してもよいのだという。哲学専攻では、イスラーム哲学を中心に学習するが、東洋の哲学やギリシア哲学などにもふれる。この学院生は、修士論文でイスラーム哲学と東洋哲学を比較したいと先生に相談したところ、井筒俊彦(一九一四〜九三)[15]の著作を紹介されたそうだ。

学院生のほとんどはスンナ派で、在学中にシーア派に改宗する人はわずかなようだ。これまでに二人のキリスト教徒も入学している。さらに、この学校で修士号を取得してからイランに留学する人はあまりいないという。つまり、カレッジの目的は改宗やイランへの留学準備ではなく、哲学・神秘主義・比較宗教など、アル＝ムスタファー国際大学がめざすイスラームへの新しい学問的アプローチに親しんでもらうことにある。

イスラミック・カレッジに進学する若者にとって、カレッジの寛大な奨学金制度は魅力的だ。全教科の平均点が、四点満点で三・五点以上なら全額、三・〇〜三・五点の学院生には半額の奨学金が支給される。平均点がそれ以下の場合は授業料を納付しなければならない。

三階建ての美しい校舎は、学校というよりも高級マンションの趣だ。二〇一〇年にこの建物の一部で、新たにイスラーム学の学士課程が開設された。イスラミック・カレッジ・

15 東洋哲学，イスラーム思想などの分野で数多くの著作を残したイスラーム学者，言語哲学者。クルアーンの原典訳者としても知られる。

ジャカルタ校と密接な関係にあるが、形式的にはサドラー財団の運営する教育機関である。目下英語の特訓中という女性に話を聞いた。経済的に苦労している両親に、進学したいとはとてもいえなかったが、高校の先生に相談したところ、ジャカルタに寛大な奨学金制度のある大学ができたから受験するように勧められたのだという。一〇〇人あまりが受験し、合格者は彼女を含めて一七人だった。寮も完備していて、科目平均三・五点以上を維持すれば、授業料だけでなく寮費も無料になるとのことだ。

イスラミック・カレッジ・ジャカルタ校は、東南アジアにおけるアル＝ムスタファー国際大学の重要な拠点だが、二〇一〇年には、フィリピンのマニラにもアル＝ムスタファー国際カレッジが設立されるなど、東南アジアでの活動は今後さらに活発化すると思われる。

近年、アル＝ムスタファー国際大学は、南アジアの非イスラーム国にも進出している。インドでは、全人口の約一〇％がムスリムだといわれている。そのうちの何％がシーア派かを示す信頼に足りる統計は存在しないが、少数派であることは間違いない。十二イマーム・シーア派は、ムンバイ・ハイデラバード・ラクナウなどに多い。インドのシーア派は、歴史的にナジャフとのつながりが強く、フーイーやスィースターニーに習従する信者が多いことでも知られている。そうした状況のなかで、近年、南アジアにおけるアル＝ムスタファー国際大学の存在感が高まっている。

▶イスラミック・カレッジ・ジャカルタ校

ニューデリーにアル＝ムスタファー国際大学のオフィスが開設されるとともに、ハイデラバードでも、人文学・イスラーム学・ペルシア語教育などをおこなう海外校の設立準備が進んでいる。二〇一二年に、スリランカのコロンボにもアル＝ムスタファー国際大学の海外校ムスタファ人文学カレッジが設立された。学士課程は、経営学・法学・イスラーム学の三専攻に分かれているが、いずれも人文学とイスラーム学の融合をめざしており、経営学や法学を専攻した場合でも宗教に関する基礎科目の学習が義務づけられている。

二〇一一年、アフガニスタンにアル＝ムスタファー国際大学カーブル校が設立された。アフガニスタンの高等教育省の認可を受け、学士課程はイスラーム学と法学、イスラーム学と経済、教育学の三専攻で、修士課程はクルアーン学・クルアーン解釈学、裁判法、刑法・犯罪学、教育・政府管理の四専攻で学院生を募集した。

南米ではアルゼンチンとブラジルに海外校がある。これ以外にもカナダ・アメリカ、それにオーストラリアでも開校準備が進んでいるとのことである。

第5章　留学生の祖国と卒業生の活躍

留学生の軌跡

イスラーム学世界センターやアル＝ムスタファー国際大学の卒業生たちのなかには、帰国後もゴムと密接な関係を維持している人たちがいる。アル＝ムスタファー国際大学の海外校で教鞭をとっている人、イラン大使館やイラン文化センターの職員としてセンターの宗教・文化活動を支えている人、イラン系の宗教団体で活動している人たちなどである。しかし大多数は、それぞれの出身地に戻って地元で教師や説教師として宗教活動に従事するか、自身の学校や宗教財団を設立し、ゴムとは直接に関わりをもたずに活動している。さらに家業を継ぐ、ビジネスを始めるなど、宗教以外の道を選択する人もいる。留学生たちの帰国後の人生は、祖国でのシーア派を取り巻く状況に大きく左右されている。

これからパキスタン・インドネシア・タイの三国からゴムに留学した人たちの、帰国

▶**アル＝ムスタファー国際大学のパンフレットに掲載されている海外校の写真**
右から上段ボスニア，アルバニア，中段ロシア，ロンドン，下段ガーナ，バングラデシュ。

後のようすを紹介しよう。最初に紹介するパキスタンは、世界第二位のムスリム人口国で、全人口の一〇%から一五%がシーア派だと考えられている。二番目に紹介するインドネシアは、世界第一のムスリム人口国であるが、ほとんどがスンナ派で、ごく最近までシーア派が存在することすら知られていなかった。

最後に紹介するのは仏教国タイである。タイ人口の約五%はムスリムで、その大半はタイ南部に暮らすマレー系のスンナ派である。これに対して、イランに留学生を送ってきたタイのシーア派は、イランやインド起源の人々で首都バンコクとその周辺に暮らしている。シーア派は、これら三国において少数派であるが、彼らを取り巻く状況はそれぞれに異なっており、祖国でのシーア派を取り巻く環境の相違が、留学生の帰国後の活動に影響を与えている。

パキスタン

最初に紹介するのは、ゴムに多くの留学生を送り込んできたパキスタンである。シーア派はパキスタン全土に分散しており民族的にも多様で一枚岩で

▶アル＝ムスタファー国際大学のパンフレット

◀イスラーム学世界センターのパンフレット

はないが、毎年ムハッラム月（イスラーム暦第一月）に全国各地でシーア派第三代イマーム・フサインの殉教を悼む哀悼行事[1]を大々的におこなうことから、少数派でありながらもめだった存在である。

パキスタンにおいて宗教教育を担っているのは、マドラサとよばれる全寮制の宗教学校である。シーア派のマドラサは、一般には一〇年の教育課程の修了資格（メトリック）をもつ生徒を受け入れ、中等教育後期課程からの教育をおこなう。マドラサは、フムスやザカートなどの宗教税で運営され、原則として生徒から授業料は徴収しない。ただし、宗教税が十分に集められないマドラサは、保護者から少額の生活費や入学金を徴収している。

一九四七年のパキスタン建国時、パキスタン領内には七校のシーア派マドラサがあった。その後、シーア派のマドラサは徐々に増え、一九八八年には四七校に、二〇〇四年には四五八校になった。しかし、その間に何千ものスンナ派のマドラサが誕生していることを考慮するならば、シーア派マドラサの増加率はゆるやかである。

パキスタンでシーア派のマドラサが増加した背景には、隣国イランにおけるイラン・イスラーム革命の成功がある。革命当時、パキスタンでは、ズィヤーウル・ハック政権（一九七七～八八年）が、スンナ派にもとづくイスラーム化政策を次々と打ち出していた。とくに一九八〇年、政府によるザカートの徴収が決まると、シーア派はこれに憤慨し、首都イ

[1] 西暦680年のムハッラム月のアーシューラー（10日）に，シーア派第3代イマーム・フサインは，ウマイヤ朝軍と戦いに敗れ，イラク南部のカルバラーの荒野で殉教した。

スラマバードで、三日間にわたって大規模な抗議行動を展開した。ザカートは政府ではなく、イマームの代理人に支払うべきもので、かつ支払いは任意だというのがシーア派の見解である。このときシーア派は、イランのホメイニーに仲裁を求めるなどの手段も講じてズィヤーウル・ハック政権に圧力をかけた。こうした事件をきっかけに、パキスタンではゴムをめざす若者が増えた。一方、ゴムのイスラーム学世界センターは、パキスタンのシーア派マドラサ委員会の協力を得て、留学生の選抜制度を整えていった。

現在この委員会は、ラホールにあるアル＝ムンタザル学院（一九五四年設立）内に事務所をもち、パキスタン国内のシーア派マドラサに関する情報の収集、カリキュラムの策定、卒業認定試験の実施等の業務をおこなっている。委員会への登録は任意であるため、委員会は各マドラサに対して強制力はもっていないが、パキスタンにあるシーア派マドラサの大半が登録していると考えられている。ゴムから派遣されるアル＝ムスタファー国際大学の試験官は、シーア派マドラサ委員会が実施する卒業認定試験の成績上位者を対象に選抜試験を実施し、受け入れ者を決定している。

一九八〇年代は比較的自由だったゴム留学も、希望者の増加とともにハードルが高くなり、今では狭き門となっているが、それでも留学を希望する人は多い。革命から三〇年以上の歳月が経ち、留学の動機も革命に引かれてというよりも、シーア派学問の中心地で学

◀アル＝ムンタザル学院（パキスタン・ラホール）シーア派マドラサ委員会もここにある。

位を取得し、宗教専門家としてひとり立ちしたいといったものに変化している。

ゴムでの留学経験を活かして、その後の人生を築き上げた夫婦の例をみてみよう。ラホールの住宅街にあるナルジェス女子マドラサの創設者は、一九八〇年代にゴムにわたり、一二年あまりの歳月をゴムで学んだ。帰国後、故郷の土地を売却した資金でラホールに土地を購入し、一九九六年、そこに自宅や全寮制の女子マドラサを建てた。彼はこれらの物件をワクフ[2]に指定するとともに、自身の宗教活動をつうじて信者からザカートやフムスを集め、それをマドラサの運営に投じている。ザカートは、貧しい人たちのために集めるものだが、パキスタンでは、宗教学院で学ぶ若者の多くが貧困家庭の出身者であることから、マドラサの教育活動に使用することは問題ないそうだ。授業料は徴収しないが、教科書などは学院生が負担する。彼は、宗教指導者として、また校長として対外的な活動を担うことでマドラサを財政的に支えている。

一方、学院生の日常生活の指導を任されているのが、この人物の妻である。彼女は、夫がゴムの宗教学院で学んでいる間、アル＝ザフラー女子学院にかよった。子育て中だったこともあり、学位が取得できる正規コースにかよっていたわけではないが、ゴムで学んだということで学院生からは信頼されていた。

◀**ナルジェス女子マドラサ**（パキスタン・ラホール）

▶**ナルジェス女子マドラサの創設者**（左の人物）

このマドラサの執務室に飾られているホメイニーとハーメネイーの写真は、校長がゴムで学んだことを示している。この学校の立ち位置について質問すると、授業を担当している先生たちからは、政治的な事柄については、ホメイニーやハーメネイーの見解に、宗教的な事柄に関してはスィースターニーの見解に従っているという答えが返ってきた。

このマドラサに入学するためには、一〇年の基礎教育課程を修了していなければならない。入学後、学院生は学寮で共同生活をしながら、宗教の学習と並行して、中等教育後期課程(一二年の教育課程)を終えるためにパキスタン学などの一般科目も学習する。そのために一般科目を担当する女性教師が一人雇われている。学院生は、四年間の学習を終えた時点でシーア派マドラサ委員会の卒業試験を受ける。このマドラサの学院生は成績優秀とのことで、毎年、一〇〜一二人が合格する。

カシミール出身だという一六歳の学院生は、「宗教とともに一般科目も学べることがこのマドラサの大きな魅力だ」と答えている。卒業したら布教者になりたいというこの学院生は、パキスタン女性が置かれている状況について次のように話した。

「パキスタンの社会は女性に権利を与えていません。女性は、女性だという理由だけで尊敬されないのです。女性が尊敬されるのは彼女が富裕な場合だけです。貧しい女性は見下されるのです。女性の権利は、イスラームにもとづいて決められているのではなく、そ

2 イスラームの財産寄進制度。土地や建物などの財産を寄進し、そこからの収益を宗教施設の運営など慈善事業に充てる。

れぞれの家族が決めているのです。女性にもさまざまな権利を認めている家族もいますが、女性に、大きな声で話すことさえ認めない家族もいます。誰も彼女の言葉に耳を傾けることはないのです。こんな状況を変えるためにも、私たちの社会にホメイニーのような人物が必要です。ホメイニーがイランで、すべての人にイスラームの道を歩むよう教令（ファトワ）を出したように、私たちにも同じような指導者が必要なのです」。

このマドラサで学ぶ生徒へのインタヴューをつうじて、学院生たちが、パキスタン社会における女性のあり方に疑問をもっており、それに対する自らの意見を表明できる力を備えていることを実感した。

ラホールにはもう一つ、ゴムで学んだ夫婦が運営するマドラサがある。夫ムハンマド・フサイン・アクバルは、一九九〇年にミンハジ・アル＝フサインというシーア派組織を設立し、その一部として、一九九四年に全寮制マドラサ、ミンハジ・アル＝フサインを、一九九八年にはゼイナブ女子マドラサを開いた。どちらも一〇年の基礎教育課程を修了した学院生を受け入れ、男性には八年の、女性には六年の教育課程を提供している。女子マドラサで校長を務めるのは、夫とともにゴムで暮らしたという彼の妻である。

学院生は、寮費、食事代、医療費を含め無償で教育が受けられる。ミンハジ・アル＝フサインは、マドラサのほかにも、信徒の法的な相談に応じるシャリーア委員会、広報課、

▶**ナルジェス女子マドラサで学ぶ女性たち**
チャードルを被っているのは写真撮影のため。

情報通信センター、図書館、出版部、布教部、集会部、研究部、それに四〇〇〇人を収容することのできる二階建てのモスクをもつ大規模なシーア派組織をつくり上げている。マドラサを含め、これらの諸部門は、カルバラーの第三代イマームの墓廟を模したという建物のなかにある。これらの活動は、主として夫の人脈によって支えられており、湾岸諸国のシーア派からも寄付を受けているとのことだった。

インドネシア

インドネシアは世界最大のムスリム人口を抱えているが、すでに紹介したようにシーア派は圧倒的少数派である。そのなかで重要な役割を果たしているのが、アラビア半島の南部に位置するハドラマウト地方から東南アジアに移住したハドラミーとよばれるアラブ系の人たちだ。ハドラミーのなかに預言者一族、とくにシーア派の第一代イマーム・アリーに特別な思いを寄せている人たちがいたとされる。実際に彼らが自らを「シーア派」として意識

▶**ミンハッジ・アル＝フサイン**（パキスタン・ラホール）

◀**ミンハッジ・アル＝フサイン内のモスクにつうじる回廊**

していたかどうかは必ずしも明らかではなく、シーア派だと自覚していた場合でも、タキーヤ(信仰隠蔽)を実践していた可能性も高いと考えられている。しかし、革命の成功を機にインドネシアでは、にわかにイランへの関心が高まり、シーア派の新しい動きに関心を寄せる人が増えた。こうした環境の変化のなかで、アラブ系のインドネシア人を中心にゴムへ留学する人があらわれたのである。

先に紹介した東ジャワのイスラーム・プサントレン財団のフサイン・アル＝ハブシーは、一九八二年、第一陣として一〇人の生徒をゴムに送っている。そのなかで最年少だったのが、ムフスィン・ラビーブだ。

ラビーブにとってイラン留学は、楽しいものではなかった。一九八〇年代、イランはイラクとの戦争の真っただ中にあった。一五歳の少年がたどり着いた学院の部屋は埃だらけ。インドネシア、アフリカ、中東諸国、それに西洋からも若者が集められたが、言語も文化も学力も異なるさまざまな若者をどのように教えるべきか、教師たちも考えあぐねていた。カリキュラムは頻繁に変わり一貫性がなかった。もちろん当時はいくら勉強しても学位は望めなかった。そのような制度にはなっていなかったからだ。さらに戦争が激しくなると、人々は配給の列に並ぶのに忙しく勉強どころではない。宗教学院の教師は、殉教者の埋葬にも駆り出されたので、休講は日常茶飯事だった。帰国してホッとしたのも束の間、今度

▶イスラミック・カレッジ・ジャカルタ校の教師　二人ともゴムに留学した。

はイラン帰りということでインドネシア政府から警戒されてしまうなど受難続きだったという。帰国後、ラビーブは、国立イスラーム大学に入学し、一から勉強し直した。しかし、国立イスラーム大学に提出した博士論文では、メスバーフ・ヤズディー[3]の思想について論じていることからも、シーア派への興味はもち続けていたことがわかる。

一九九〇年代にゴムに留学した人たちの体験は、ラビーブのものとはかなり違っている。アブドゥッラー・ベイクとイランとの出会いは、一九七九年の革命にまで遡る。当時、インドネシアには、中東からシーア派やイランの革命を批判するアラビア語の本や雑誌がたくさん入ってきていた。これらの本は、アラビア語がある程度読めるプサントレン(全寮制のイスラーム学校)の生徒に人気があったという。プサントレンにかよっていたベイクも、これらの本を手にしたが、ほとんどのインドネシア人と同様に、アラビア語で書かれた書物をありがたく読んでしまったために、そこに書かれていることになんの疑いももたなかったのだという。

しかし、一九八九年にホメイニーが他界した際に、偶然にイラン大使館で上映されたホメイニーの葬儀の映像を見たことがきっかけで、シーア派への批判に疑問をもつようになった。そして一九九一年、ゴムに行くことを決意する。すでにイラン・イラク戦争も終わり、ゴムも落ち着きを取り戻しつつあった。ゴムでは通常六カ月のペルシア語集中授業を

[3] 1933年生まれのイランのウラマー。強硬かつ原理主義的な主張で知られている人物で，第6代大統領だったアフマディーネジャードの精神的宗教的な師であったとされている。

三カ月で切り上げ、ホッジャティエ学院に入学した。ペルシア語の学習を途中で切り上げたのは、インドネシア人留学生は、プサントレンである程度アラビア語を習得しているので、アラビア語コースを選択することができたからだ。しかし、アラビア語コースを選択しても、イラン人の先生はペルシア語で解説するため、結局ペルシア語ができなければ勉学を続けることはできないと悟り、残り三カ月のペルシア語集中授業を受けた。

当時のホッジャティエ学院は、昔ながらのカリキュラムや教授法を守っていた。教室には机や椅子はなく、教師も学院生も絨毯に座って勉強した。黒板はあったが、若い先生を除けば、誰も使わなかった。一九九三年に結婚のために帰国し、一九九六年に再び妻を連れてゴムにわたり、今度は単位制を導入したイマーム・ホメイニー高等学院に入学した。二〇〇三年に帰国するまでの間に、この学院で学士号と修士号を取得している。

ゴムとインドネシアの宗教教育の大きな違いは、哲学、論理学、神秘主義哲学の三点だという。ベイクにとって、ゴムで学んだ哲学と論理学は画期的だった。スンナ派は、ギリシア起源の学問である哲学や論理学を重視するゴムの姿勢を批判するが、学問がどこで誕生したかにこだわるのは意味のないことだ。「大切なことは、その学問が宗教を理解するうえで役に立つかどうかだ。イランの哲学者アッラーメ・タバータバーイーは、哲学によって神の唯一性を証明したことで人類の英知に寄与した。これが、イランで学んだことだ」と力説した。

現在は、国立イスラーム大学ジャカルタ校で博士論文を執筆するかたわら、イスラミック・カレッジ・ジャカルタ校で教鞭をとっている。またジャカルタのイスラーム文化センターを統括するイラン人ディレクターのもとでマネージャーとしても働いている。

ホリード・アル＝ワーリドは、一九九四年にゴムに行き、ホッジャティエ学院に入学した。インドネシアからの留学生の多くは、しばらくすると学位が取得できるイマーム・ホメイニー高等学院に移籍したが、すでに学士号をもっていたので、二〇〇二年に帰国するまでホッジャティエ学院に残った。ホッジャティエ学院は、伝統的な教授スタイルを維持していたので単位や期末試験などに縛られることがなく、とても自由だったという。ホッジャティエ学院自体は、外国人専用だったが、学院の外でおこなわれる授業に自由に参加することができた。先生との距離も近く、先生の家に寝泊まりして勉強したこともあった。最初は、一室三人の部屋で暮らしたが、結婚してからは家族用住宅に移った。

アラブからの留学生は、法学を専攻している人が多かったが、インドネシア人は、哲学や神秘主義哲学を専攻した。それには理由がある。インドネシアのシーア派は圧倒的な少数派であるだけでなく、各地に分散している。そうした状況では、シーア派法学の需要は見込めないのである。一方、インドネシアでは、スンナ派の人たちの間でも哲学や神秘主

Column #04

インドネシアの二つのシーア派組織

一九九八年、強権的なスハルト大統領の退任を機に、自由化が進み、シーア派も含め少数派が自己表現できる環境が生まれた。そうしたなかで、二〇〇〇年、アフル・アル＝バイト協会全インドネシア議会（ＩＪＡＢＩ）が結成され、間もなく内務省より社会団体として正式に認可された。これによってＩＪＡＢＩは、スンナ派のナフダトゥール・ウラマーやムハンマディーヤなどの巨大なイスラーム団体と同列にあるインドネシアを代表するシーア派組織となった。ＩＪＡＢＩの結成において中心的な役割をはたしたのは、ジャラールッディーン・ラフマトである。彼は、説教師としてたいそう人気のある人物だ。普通学校を卒業後、フルブライトの奨学生としてアメリカのアイオワ大学で学び、コミュニケーションの修士号を取得したという経歴の持ち主である。またシーア派に改宗するまではムハンマディーヤとイスラーム連合（ＰＥＲＳＩＳ）という二つの近代主義的イスラーム団体で活動していた。

結成から間もなく、このラフマト率いるＩＪＡＢＩとゴムへの留学経験者との間で、「法学者の統治」に関する見解をめぐって意見が対立した。ゴムの留学経験者のなかでもとくに指導的な立場にある人たちは、「イランのマルジャア・アッ＝タクリードたちは、イラン国内はもとより世界各地のシーア派の最高権威なのだから、我々も彼らの宗教的権威を認め、その指導を仰ぐべきである」と主張したのである。しかし、ＩＪＡＢＩがこれを拒否したために、ゴムへの留学経験者たちが、イランの最高指導者ハーメネイーに、ＩＪＡＢＩをインドネシアのシーア派代表組織として認めることはできないとする抗議の手紙を出した。

結局、こうした意見の相違により、ゴムへの留学経験者は、ＩＪＡＢＩを脱退し、二〇一一年にアフル・アル＝バイト・インドネシア(ＡＢＩ)を結成した。ＡＢＩの諮問議会のメンバーは、主として留学経験者のなかの年長者たちだ。設立以来、ＡＢＩは、ナフダトゥール・ウラマーやムハンマディーヤなどのスンナ派団体との対話促進や出版物をつうじた穏健なシーア派を推進しながら、シーア派の最高学府で学んだ経験を生かして祖国インドネシアで宗教指導者としての地位を築こうとしている。

「法学者の統治」をめぐってインドネシアのシーア派が二分されたことは、留学がもたらした皮肉な結果である。

義哲学への関心が高い。帰国後、教壇に立つ場合も、物書きになる場合も、これらの素養が役に立つ。ホリード・アル＝ワーリドは、帰国後、国立イスラーム大学で博士号を取得した。博士論文では、イランの神秘主義哲学の泰斗ムッラー・サドラー（一五七一・二〜一六四〇）の終末思想を論じた。現在は、イスラーム・カレッジ・ジャカルタ校で教鞭をとっている。

ところで、ここに紹介した三人のインドネシア人は、みなゴムに留学したアラブ系のシーア派であり、帰国後はイランが運営するイスラミック・カレッジで教えている。さらにマルジャア・アッ＝タクリードへの習従を必須とみなしていることから、ときにはインドネシアではなく、イランに忠誠を誓っているのではないかという批判を受けることもあるという。しかし、アブドゥッラー・ベイクは、「私は、あくまでもインドネシア人だ」と述べたうえで、「私が習従しているのは、マルジャア・アッ＝タクリードとしてのハーメネイーであって、イラン国家の最高指導者としてのハーメネイーではない」と強調する。ベイクの言葉から、ゴムで学んだシーア派のあるべき姿とインドネシア人としてのアイデンティティの両立に苦慮する姿が浮かび上がる。

タイ

タイは非ムスリム国ではあるが、イランが東南アジアにおける布教の拠点として重視してきた場所だ。現在タイには、数千人の十二イマーム・シーア派がいるとされているが、その中心となっているのは、アユタヤ朝(一三五一～一七六七年)時代にサファヴィー朝ペルシアからやってきた官吏や商人の末裔たちだ。ビルマ軍の侵攻でアユタヤが陥落し、アユタヤを追われたシーア派の人たちは船上生活をしていた。その後、チャクリー朝のラーマ一世(在一七八二～一八〇九年)からバンコクを流れるチャオプラヤー川の西岸にあるトンブリーに土地を与えられ、この地域に定住するようになったといわれている。ペルシア人の末裔のほかにインドのラクナウから移住したインド系シーア派の人たちもいる。

タイのシーア派は、インドネシアのシーア派同様、イランで革命が起きるまでは中東との結びつきも少なく、その存在はほとんど知られていなかった。タイのシーア派とイランとを結びつけたのは、クウェートから来たというイラン系の布教者である。トンブリーに

◀マスジド・アル=フダー(タイ)
1989年に設立された。ブルーのタイルはイラン製。

▶タイ・トンブリーのシーア派の人々
写真の女性(右)と男性(中央)はゴムに留学した。

やってきたこの布教者は、ホメイニーの思想やペルシア語を教えるアフル・アル＝バイトという名の学習センターを開設した。おそらく潤沢な資金があったのだろう。三階建てのビルを購入している。一九八〇年代、この学習センターを経由してトンブリーの若者がゴムに留学した。革命直後は、イランへの関心も高く、スンナ派の参加者もあり、改宗する人もいたという。この人物は、五年ほど短期ビザを更新しながら訪問を繰り返し、センターの活動を継続させたが、あるときを境に姿を見せなくなったのだという。

同じころ、チャオプラヤー川の対岸のバンコクにイラン文化センターができた。こちらは、宗教・文化交流を推進するイランのイスラーム文化交流機構の直轄機関である。このほかにも、フーイー慈善財団[4]がトンブリーにダール・アル＝エルムという全寮制の宗教学校を設立している。義務教育を終了した若者を対象に宗教教育をおこなっており、主としてシーア派に改宗したタイ南部のムスリムが学んでいた。

トンブリーの若者たちは、これらの機関をつうじてゴムに留学した。インドネシアのシーア派と同様に、一九八〇年代から一九九〇年代初頭にかけて留学した人たちは、男性であればホジャティエ学院、女性であれば、ゴムのアル＝ザフラー女子学院やマシュハドのナルジェス女子学院で学んでいる。アフル・アル＝バイト学習センターで初歩的な知識を得てから留学しているが、入学試験などはなかったそうだ。

4 ナジャフ在住のマルジャア・アッータクリードだったフーイーのもとに集まったフムスなどの宗教税を管理する財団。世界各地で，宗教学校や孤児院を開くなど，さまざまな慈善事業を展開している。

ゴムから戻った若者たちはどうしているのだろうか。宗教者としてもっとも成功しているのが、トンブリー郊外にあるマスジド・アル＝フダーの導師の甥にあたるゴラームアリー・アバーザールという人物だ。彼は、一九七〇年代中ごろ、一四歳でパキスタンのマドラサに入学した。その後、クウェートをへてイランにわたり、ゴムのホジャットティエ学院で学び、二五歳で帰国している。一九九四年には、ハーメネイーからバンコクの金曜礼拝の導師に任命されるなど、イランとの結びつきを維持しつつ、タイの宗教指導者としての地位を固めた。彼以外にも、ダール・アル・エルムで教師をしている者や、ゴムで習得したペルシア語を活かしてイラン文化センターやイラン大使館の職員として働くことで、留学経験を活かしている人たちがいる。

しかし、卒業生みなが留学経験を活かせているわけではなく、家業を継いだり、商売を始めたりと宗教とは直接に関わりのない暮らしをしている者も少なくない。女性たちは、女性向けの集会で説教をしたり、子どもたちにクルアーンの朗唱を指導したりと、身近なところで留学経験を活かしている人が多いが、収入につながるような活動に従事している人は少ない。留学経験を活かす場が少ない最大の理由は、ムスリム人口が少ないタイでは、教育、出版、宗教儀礼などイスラームにかかわる宗教サービスそのものの需要がかぎられているからだ。

展望

革命後、国政の重責を担うようになった宗教指導者たちは、既存の宗教学院に対して制度やカリキュラムの改革を迫ったほか、女性のための宗教教育、留学生のための宗教教育、海外のシーア派のための宗教教育を推進することで、シーア派宗教教育のすそ野を海外にまで広げてきた。

イランのこうした取り組みは、イラン・イラク戦争停戦後の戦後復興期にあたる一九九〇年代に本格化している。冷戦が終結し、アメリカの単独覇権のもとでグローバル化が加速した時期と重なる。アル＝ムスタファー国際大学は、現代社会において市場的価値の高い学位、人文社会科学の知識、情報処理技術、語学などを巧みに取り入れ、宗教教育の現代化をはかることで、海外のシーア派に対するゴムの存在感を高めることに成功してきた。「法学者の統治」というイランに固有の体制のなかで生まれた宗教教育のモデルが、海外においてどのように受容されていくのか、また、ゴムと海外のシーア派との関係が将来どのように発展していくのかは、アル＝ムスタファー国際大学の政策とともに卒業生の動向が深くかかわっているといえるだろう。

参考文献

今永清二「トンブリのシーア派イスラーム社会形成に関する一考察」(『史学論叢』二二、一九九二年)
今永清二『東方のイスラム』風響社、一九九二年
黒田賢治「ハーメネイー指導体制下における法学界支配の構造――ホウゼの運営組織改革と奨学金制度を中心に」(『日本中東学会年報』二六、二〇一〇年)
黒田賢治「ハーメネイー体制下における法学権威と学知システムの変容――国家による宗教制度への政治的影響力をめぐる考察」(『アジア・アフリカ地域研究』一〇-一、二〇一〇年)
近藤信彰「イスラーム知識人の肖像:シーア派ウラマーとイジャーザ」(小谷汪之編『歴史における知の伝承と継承』山川出版社、二〇〇五年)
桜井啓子「シーア派教育ネットワーク――タイ・トンブリーの事例から」(『イスラム世界』五一、一九九八年)
桜井啓子『革命イランの教科書メディア――イスラームとナショナリズムの相剋』岩波書店、一九九九年
桜井啓子「バングラデシュの十二イマーム・シーア派」(『イスラム世界』五四、二〇〇〇年)
桜井啓子『シーア派――台頭するイスラーム少数派』中央公論新社、二〇〇六年
嶋本隆光『シーア派イスラーム――神話と歴史』(学術選書23)京都大学学術出版会、二〇〇七年
嶋本隆光『イスラーム革命の精神』(学術選書52)京都大学学術出版会、二〇一一年
富田健次『アーヤトッラーたちのイラン――イスラーム統治体制の矛盾と展開』第三書館、一九九三年

富田健次訳『イランのシーア派イスラーム学教科書――イラン高校国定宗教教科書』（世界の教科書シリーズ22）明石書店、二〇〇八年

富田健次訳『イランのシーア派イスラーム学教科書Ⅱ――イラン高校国定宗教教科書【三、四年次版】』（世界の教科書シリーズ36）明石書店、二〇一二年

R・M・ホメイニー著（富田健次訳）『イスラーム統治論・大ジハード論』平凡社、二〇〇三年

モハンマド＝ホセイン・タバータバーイー著（森本一夫訳）『シーア派の自画像　歴史・思想・教義』慶応義塾大学出版会、二〇〇七年

森本一夫『聖なる家族――ムハンマド一族』（イスラームを知る4）山川出版社、二〇一〇年

吉村慎太郎『イラン・イスラーム体制とは何か――革命・戦争・改革の歴史から』書肆心水、二〇〇五年

Akhavi, Shahrough, *Religion and Politics in Contemporary Iran: Clergy–State Relations in the Pahlavi Period*, Albany : State University of New York Press, 1980.

Dabashi, Hamid, *Theology of Discontent: The Ideological Foundations of the Islamic Revolution in Iran*, New York : New York University Press, 1993.

Fischer, M. J. Michael, *Iran: From Religious Dispute to Revolution*, Cambridge : Harvard University Press, 1980

Formichi Chiara, "'Tradition' and 'authenticity' : Husayni compassion in Indonesia, Jakarta, Bandung, and Bengkulu", *Working Paper Series 126* (Southeast Asia Research Centre, City University of Hong Kong, 2012.)

Litvak, Meir, *Shi'i Scholars of Nineteenth-Century Iraq: The 'Ulama' of Najaf and Karbara'*, Cambridge : Cambridge University Press,

1998.

Hefner, Robert W. and Zaman, Muhammad Qasim, eds., *Schooling Islam: The Culture and Politics of Modern Muslim Education*, Princeton, NJ : Princeton University Press, 2007.

Khalaji, Mehdi, "The last marja: Sistani and the end of traditional religious authority in Shiism", *Policy Focus* 59, Washington : The Washington Institute for Near East Policy, 2006.

Khalaji, Mehdi, "Iran's regime religion", *Journal of International Affairs*, 65 (1), 2011.

Louër, Laurence, *Transnational Shia Politics: Religious and Political Networks in the Gulf*, London : Hurst & Company, 2008.

Mervin, Sabrina, ed., *The Shi'a Worlds and Iran*, London: Saqi, 2010.

Momen, Moojan, *An Introduction to Shi'i Islam: The History and Doctrines of Twelver Shi'ism*, New Haven : Yale University Press, 1985.

Nasr, Vali, *The Shia Revival: How Conflicts Within Islam Will Shape the Future,* New York: W W Norton & Co Inc, 2007.

Brunner, Rainer and Ende, Werner, eds., *The Twelver Shia in Modern Times: Religious Culture and Political History*, Leiden : Brill, 2001.

Rizvi, H. Sajjad "'Only the imam knows best': the maktab-e tafkik's attack on the legitimacy of philosophy in Iran", *Journal of the Royal Asiatic Society*, 22 (3–4), 2012.

Sakurai, Keiko and Adelkhah, Fariba, eds., *The Moral Economy of the Madrasa: Islam and Education Today*, London : Routledge, 2011.

Sakurai, Keiko, “Shi‘ite women’s seminaries (*howzeh-ye ‘elmiyyeh-ye khahran*) in Iran: possibilities and limitations”, *Iranian Studies*, 45(6), 2012.

Markaz-i Jahani-yi ‘Ulum-i Islami [International Centre for Islamic Studies (ICIS)] *Shinasan*, Qom: Markaz-i Jahani-yi ‘Ulum-i Islami, 2007

Künkler, Mirjam and Fazaeli, Roja “The life of two mujtahidahs: female religious authority in 20th century Iran ” Bano, Masooda and Kalmbach, Hilary, eds., *Women, Leadership and Mosques: Contemporary Islamic Authority*, Leiden: Brill Publishers, 2011.

Zulkifli, “The education of Indonesian Shi‘i leaders”, *Al-Jāmi‘ah*, 47(2), 2009.

Nakash, Yitzhak, *The Shi‘is of Iraq*, Princeton NJ: Princeton University Press, 1994.

謝辞

本研究の一部は，JSPS 科研費 24401013 の助成を受けたものです。ここに記して，感謝を表します。

図版出典一覧

29頁の写真以外，すべての写真は著者撮影

桜井啓子（さくらい　けいこ）

1959年生まれ。

上智大学文学部卒業。

上智大学外国語学研究科国際関係論専攻博士課程修了。博士(国際関係論)。

専攻，比較社会学，イラン地域研究。

現在，早稲田大学国際学術院教授，早稲田大学イスラーム地域研究機構長。

主要著書：『革命イランの教科書メディア――イスラームとナショナリズムの相剋』（岩波書店 1999），『現代イラン――神の国の変貌』（岩波書店 2001），『日本のムスリム社会』（筑摩書房 2003），『シーア派――台頭するイスラーム少数派』（中央公論新社 2006）

編著：Keiko Sakurai and Fariba Adelkhah (eds.) *The Moral Economy of the Madrasa: Islam and Education Today*, London: Routledge, 2011.

イスラームを知る13
イランの宗教教育戦略《しゅうきょうきょういくせんりゃく》　グローバル化と留学生《りゅうがくせい》
2014年8月 5日　1版1刷印刷
2014年8月15日　1版1刷発行
著者：桜井啓子《さくらいけいこ》
監修：NIHU(人間文化研究機構)プログラム
イスラーム地域研究
発行者：野澤伸平
発行所：株式会社 山川出版社
〒101-0047　東京都千代田区内神田1-13-13
電話　03-3293-8131(営業) 8134(編集)
http://www.yamakawa.co.jp/
振替 00120-9-43993
印刷所：株式会社 プロスト
製本所：株式会社 ブロケード
装幀者：菊地信義
 ISBN978-4-634-47473-4